И.А. Старовойтова

ВАШЕ МНЕНИЕ

*Учебное пособие
по разговорной практике*

Седьмое издание

Москва
Издательство «Флинта»
Издательство «Наука»
2013

УДК 811.161.1(0.054.6)
ББК 81.2Рус-96
С 77

Рецензенты:
Ларина Т.В., д-р филол. наук, доцент кафедры иностранных
языков филологического факультета РУДН;
Филиппова Н.М., канд. филол. наук, доцент,
заместитель директора Центра русского языка и культуры
Санкт-Петербургского государственного университета

Старовойтова И.А.

С77   Ваше мнение: учеб. пособие по разговорной практике / И.А. Старовойтова. — 7-е изд. — М. : Флинта : Наука, 2013. — 288 с. — (Русский язык как иностранный).

ISBN 978-5-89349-676-5 (Флинта)
ISBN 978-5-02-033112-9 (Наука)

В книге представлены тексты разных жанров, взятые из периодической печати. Темы сгруппированы по их социальной значимости, начиная с вопросов, актуальных для отдельного индивида, затем семьи, общества и заканчивая глобальными проблемами. Пособие составлено с учетом требований, предъявляемых к сдаче экзаменов на Сертификат Российской государственной системы тестирования граждан зарубежных стран по русскому языку.

Для иностранных студентов продвинутого этапа обучения.

УДК 811.161.1(0.054.6)
ББК 81.2Рус-96

ISBN 978-5-89349-676-5 (Флинта)
ISBN 978-5-02-033112-9 (Наука)   © Издательство «Флинта», 2005

Учебное издание

Старовойтова Ирина Александровна

ВАШЕ МНЕНИЕ

Учебное пособие

Подписано в печать 09.04.2013. Формат 60×88/16. Печать офсетная.
Усл. печ. л. 17,6. Уч.-изд. л. 15,3. Тираж 1000 экз. Заказ 357. Изд. № 2719.

ООО «Флинта», 117342, г. Москва, ул. Бутлерова, д. 17-Б, комн. 324.
Тел./факс: (495)334-82-65; тел.: (495)336-03-11.
E-mail: flinta@mail.ru; WebSite: www.flinta.ru

Издательство «Наука», 117997, ГСП-7, Москва В-485, ул. Профсоюзная, д. 90.

ООО «Великолукская типография»
182100, Псковская область, г. Великие Луки, ул. Полиграфистов, 78/12
Тел./факс: (811-53) 3-62-95
E-mail: zakaz@veltip.ru
Сайт: http://www.veltip.ru/

СОДЕРЖАНИЕ

Предисловие 7
Список сокращений 9

О РОССИИ 11
  1. Образ России 11
  2. В Россию с любовью 15
  3. Особенности национального характера 18

О ЯЗЫКЕ 23
  1. Иностранные языки 23
  2. Сленг 25
  3. Ненормативная лексика 28

О РАЗВЛЕЧЕНИЯХ И УВЛЕЧЕНИЯХ 32
  1. Туризм: польза или вред? 32
  2. Шопинг: развлечение или болезнь? 35
  3. Подарки: что и как дарить? 37
  4. Лотерея: играть или не играть? 40
  5. Тесты: как к ним относиться? 42

О ЗДОРОВЬЕ 48
  1. Традиционная медицина или альтернативная? 48
  2. Информировать больного или нет? 51
  3. Курить или не курить? 53

О ПИТАНИИ 57
  1. Вегетарианство 57
  2. Генетически измененные продукты 60

3. Пиво 65

4. Водка 67

О ПРОБЛЕМАХ СЕМЬИ 72

1. Родители и дети 72

2. Старость — это счастье 74

3. Количество детей в семье 76

4. Суррогатная мама 80

5. Кризис семьи 83

6. Мама из 7 «Б» 87

ОБ ОБРАЗОВАНИИ 91

1. Какой должна быть игрушка? 91

2. Нужны ли оценки в школе? 94

3. Нужна ли школьная форма? 97

4. Нужно ли раздельное обучение в школе? 99

5. Нужны ли уроки религии в школе? 102

О КУЛЬТУРЕ 107

1. Музеи. Плата за посещение 107

2. Возвращение ценностей 109

3. Диалектика русского комикса 111

4. Массовая культура 114

О СПОРТЕ 118

1. Допинг в спорте 118

2. Дети и профессиональный спорт 121

О ПОЛИТИКЕ 125

1. Борьба с коррупцией 125

2. Взятка 127

3. Свобода слова и ее ограничение 131

    4. Источники финансирования партий 134

    5. Выборы 137

О СРЕДСТВАХ МАССОВОЙ ИНФОРМАЦИИ (СМИ) 142

    1. Мифы о СМИ 142

    2. Реклама 147

    3. Экстремальное телевидение 150

    4. Реалити-шоу 154

    5. Конкурсы красоты 160

ОБ АРМИИ 165

    1. Служба в армии 165

    2. Женщины в армии 169

О ЖИЗНИ В СТОЛИЦЕ И ПРОВИНЦИИ 172

    1. Выбор места жительства 172

    2. Две столицы России 174

    3. Фобии столичных жителей 177

О МИГРАЦИИ 180

    1. Мигрант: благо или напасть? 180

    2. Мультикультурализм: вред или благо? 183

ОБ ЭМАНСИПАЦИИ 187

    1. Ребенок или карьера? 187

    2. Надо ли спасать мужчин? 189

О СОЦИАЛЬНЫХ ПРОБЛЕМАХ 194

    1. Бомжи 194

    2. «Рабы» 198

    3. Расисты 202

    4. Милиционеры 208

О ЗАЩИТЕ ОКРУЖАЮЩЕЙ СРЕДЫ 210

   1. Геофизическое оружие 210

   2. Захоронение ядерных отходов 213

   3. Китобойный промысел 217

   4. Животные в сфере развлечений 219

   5. «Тестировано на животных» 223

О КОСМОСЕ 226

   1. Надо ли изучать космос? 226

   2. Надо ли отправлять в космос туристов? 230

   3. Одни ли мы в этом мире? 233

О СОВРЕМЕННЫХ СРЕДСТВАХ СВЯЗИ 237

   1. Мобильник: друг или враг? 237

   2. Интернет: игрушка или зависимость? 239

   3. Интернет: абсолютная свобода или цензура? 242

О НОВЫХ ПОДХОДАХ К СТАРЫМ ПРОБЛЕМАМ 247

   1. Смертная казнь: разрешить или запретить? 247

   2. Наркотики: легализовать или запретить? 251

   3. Оружие: иметь или не иметь? 255

О ПРОБЛЕМАХ СОВРЕМЕННОГО МИРА 259

   1. Терроризм 259

   2. Секта 264

   3. Глобализация 268

   4. Клонирование 272

   5. Эвтаназия 277

   6. Нетрадиционная сексуальная ориентация 280

   7. Однополые браки 283

   8. Дети в однополых семьях 286

ПРЕДИСЛОВИЕ

Пособие «Ваше мнение» адресовано иностранным учащимся продвинутого этапа обучения. Цель пособия — совершенствование коммуникативной компетенции учащихся в области говорения.

Пособие, материал которого организован на коммуникативно-функциональной основе, может быть использовано на занятиях в подготовке к экзамену по говорению третьего сертификационного уровня Государственного образовательного стандарта по русскому языку как иностранному (Общее владение).

Материал для пособия отобран с учетом определенных Госстандартом тем: «О развлечениях и увлечениях», «Об образовании», «О спорте», «О проблемах современного мира», «О России», «О языке», «О жизни в столице и провинции», «О социальных проблемах», «О политике», «О космосе», «О современных средствах связи», «О проблемах семьи», «О культуре». Выбор гипертемы, поступательная отработка материала подтем способствуют накоплению лексики, пополнению пассивного словаря и расширению активного. Темы (гипертемы) сгруппированы по их социальной значимости, начиная с вопросов, актуальных для отдельного индивида, затем семьи, общества и заканчивая глобальными проблемами. Однако учитывая уровень речевой подготовки учащихся, цели обучения, заданная в пособии очередность тем не является обязательной. Преподаватель может предложить студентам самостоятельно отобрать круг обсуждаемых вопросов и обозначить подтемы для дискуссии.

Задания подтемы скомпонованы в следующем порядке: 1. Прочитайте текст. 2. Что это значит? 3. Ответьте на вопросы по тексту. 4. Ваше мнение. 5. Разные мнения. 6. К вашему сведению (имеется не в каждом уроке).

Взятые из средств массовой информации тексты (сокращенные, но неадаптированные) выступают как модели тестового материала, на котором проводится работа по развитию речевых умений учащихся.

Задание по лексике рассчитано на работу учащегося и направлено на развитие языковой компетенции, которая необходима для формирования коммуникативно-речевых навыков.

Задание «Ваше мнение» способствует развитию навыков монологической и диалогической речи в ситуациях, связанных с высказыванием собственного мнения, оценкой, рассуждением, аргументацией. Задание предполагает работу в парах или обсуждение в группе.

Дополнительные тексты «Разные мнения» представляют собой образец разговорной речи, содержат новую лексику для пополнения пассивного словаря. Данный материал может быть использован для проведения ролевых игр, когда учащимся предлагается занять позицию того или иного участника дискуссии и расширить аргументацию точки зрения по обсуждаемой проблеме.

На материале пособия возможна отработка навыков вербальной реализации простых и сложных интенций, а также блоков речевых интенций контактоустанавливающего, резюмирующего характера, а именно, выражение своей точки зрения на обсуждаемую проблему и оценки чужого мнения.

В пособии дан список аббревиатур и сложносокращенных слов, встречающихся в текстах подтем.

Список сокращений

Аббревиатуры

АиФ — Аргументы и факты (название газеты)
ВОЗ — Всемирная организация здравоохранения
ГУВД — Главное управление внутренних дел
МВД РФ — Министерство внутренних дел Российской Федерации
МГД — Московская государственная дума
МГУ — Московский государственный университет
МККП — Международная Комиссия по китобойному промыслу
МКС — Международная космическая станция
НАТО — Североатлантический союз
НИИ — научно-исследовательский институт
НЛО — неопознанный летающий объект
ОБСЕ — Организация по безопасности и сотрудничеству в Европе
ОМУ — оружие массового уничтожения
ООН — Организация объединенных наций
РАЕН — Российская академия естественных наук
РАМН — Российская академия медицинских наук
РАН — Российская академия наук
РГМУ — Российский государственный медицинский университет
РФ — Российская Федерация
СМИ — средства массовой информации
СПС — Союз Правых Сил
СРН — Совет Россия—НАТО
СССР — Союз Советских Социалистических республик
США — Соединенные Штаты Америки
ТВ — телевидение
ФАТФ (Financial Action Task Force on Money Laundering — FATF) —
Специальная финансовая комиссия по проблемам отмывания ка-
питалов, международный межправительственный орган по борьбе с
отмыванием.
ФЗ — Федеральный закон
ЦИК — Центральный избирательный комитет
ЦК КПРФ — Центральный комитет Коммунистической партии Рос-
сийской Федерации

ЦСКА — Центральный спортивный клуб армии
ЧП — чрезвычайное происшествие
ЭКО — экстракорпоральное оплодотворение

Сложносокращенные слова

Госдума — Государственная Дума
Госказна — государственная казна
Избирком — избирательный комитет
Минатом — Министерство атомной промышленности
Минфин — Министерство финансов
Мосгордума — Московская городская дума
Спецвоенчасть — специальная военная часть

О РОССИИ

1. Образ России

① **Прочитайте текст**

<u>Имидж</u> — одно из самых емких для мифов пространств. Собственно, в нем концентрируются те представления, которые, сложившись веками, остаются наиболее привычными и удобными.

Если в начале XVIII века англичанин Ричардсон писал о русских, что «это бородатые дети», то полагался не только на собственные впечатления, но и на опыт предшественников, торговцев и дипломатов Ченслера, Боуза, Горсея и Флетчера, попавших в Москву в середине — конце XVI века. Так, Ричард Ченслер писал о Руси как о стране огромной, несметно богатой продуктами, людьми, товарами, могущественной в военном и государственном отношении. При этом условия жизни характеризовались им как нищие, бесправные, рабские, хотя <u>московитов</u> Ченслер описывал как сильных, бесстрашных, но покорных власти. Оппозиция богатства, роскоши, блеска царского двора и невиданной нигде более суровости народной жизни потрясала англичанина.

Эти же образы, как и тема беспробудного, дикого пьянства, развиваются и у сэра Джерома Горсея, который к ним добавляет характеристики языка, оцененного как необычайно красивый, благозвучный и богатый. Постепенно добавляются и другие характеристики, «обогащающие» мифологический образ «<u>дикаря-варвара</u>»: угрюмость, грубость нравов, одежды.

Пространство своей личности русский никогда не мог сохранить как нечто гарантированное. Только этим можно объяснить и проявлявшуюся в подобных случаях агрессивность, агрессивность от бессилия. Попытки очертить пространство своего «я», тонущего в бескрайности государства и власти, практически всегда приводили если не к заключению или ссылке, то уж точно к изоляции и объявлению сумасшедшим.

Непредсказуемость, нестабильность, иррациональность, неспособность к самоконтролю, неумеренность во всем многими на Западе рассматриваются как наиболее характерные русские черты. Доброта и милосердие русских и те вызывают опасения. Ведь даже с самыми благими намерениями Россия может задушить в своих «медвежьих объятиях».

Имиджем России остаются в первую очередь сменявшие друг друга суровый, затянутый в корсет Николай I, Александр III на опустившей шею бронзовой кобыле, крутящий ус Сталин с трубкой, Хрущев с ботинком на трибуне ООН, запинающийся Брежнев, дирижирующий оркестром Ельцин, инспектирующий дальневосточный заповедник Путин в спортивном костюме. Эти образы не менее узнаваемы, чем матрешка, но во всех случаях страдающее отсутствием логики сочетание несочетаемого стало привычным стереотипом в описании русской действительности. Стало имиджем России...

(Огонёк, 30 сентября 2002 г.)

② Что это значит?

— имидж
— московиты
— дикарь-варвар
— медвежьи объятия
— ООН
— стереотип

③ Ответьте на вопросы по тексту

▲ Какие впечатления у иностранцев о Руси были в середине — конце XVI века? Изменились ли эти представления в начале XVIII столетия?

▲ Что говорили европейцы о характерных русских чертах?

▲ С какими образами ассоциируется Россия?

▲ Что стало привычным стереотипом в описании русской действительности?

④ **Ваше мнение**

* Из чего складывается имидж страны?
* Кто / что влияет на формирование имиджа страны?
* Какой образ России, по вашему мнению, существует сейчас?
* Какие черты русских вы можете отметить?
* Имидж страны и стереотип страны — в чем разница?

⑤ **Разные мнения**

КАК ВАМ ИМИДЖ РОССИИ?

Чрезвычайный Полномочный Посол Соединенного Королевства Великобритании и Северной Ирландии в РФ сэр Родерик Лайн. Я думаю, что ее имидж не очень соответствует реальности, он не очень точен. Те люди, которые не живут в России, недостаточно понимают то, что здесь происходит. Потому что это уникальная цивилизация, сплав всех культур, другой подобной страны в мире нет. За 40 лет моего с ней знакомства я так до конца и не понял ни одной из сторон российской жизни. Думаю, что из иностранцев никто не в состоянии этого сделать. Мне кажется, даже не все россияне ее понимают. Это слишком сложная и противоречивая страна. Я постоянно говорю об этом нашим гостям из Великобритании, особенно если они первый раз в России. И пожив тут немного, все они утверждают, что здесь гораздо лучше, чем они себе представляли. И еще мне кажется, что на Западе сейчас лучше думают о России, чем сами россияне о ней.

Чрезвычайный и Полномочный Посол Королевства Нидерланды в РФ Тиддо Питер Хофстее. Динамика изменения образа России в глазах голландцев очень показательна. У нас был длительный период холодных отношений, когда, мягко говоря, мы просто не доверяли друг другу. В начале 90-х наступил период безграничного оптимизма, но вскоре и он закончился. Зато началось осознание того, как трудно России дается процесс перехода к демократии. Благодаря принятым Россией шагам, в том числе и законодательным, ее образ на Западе значительно улучшился. По крайней мере от имени своей страны я могу утверждать это совершенно определенно. Конечно, многое предстоит сделать, прежде всего с этой ужасной бюрократической структурой, которая существует в вашей стране, с защитой прав инвесторов и пр. Но в целом иностранцам полезно приехать сюда и посмотреть все собственными глазами: здесь все гораздо лучше, чем кажется.

Бывший Чрезвычайный и Полномочный Посол Федеративной Республики Германия в РФ Эрнст-Йорг фон Штудниц. Мне кажется, что наши народы, пережив драму войны и отчуждения, стали особенно близки в последнее десятилетие. За 60 лет и русские и немецкие ветераны поняли все и простили. И что важно, очень хорошие отношения установились и между молодыми людьми. Наша молодежь с большим уважением относится к России, ухаживает за кладбищами русских солдат в Германии, многие изучают русский язык и литературу. Сегодня образ России у немцев очень положительный. А просматривая ваши СМИ, я даже думаю, что он более положительный, чем у вас самих.

Чрезвычайный и Полномочный Посол Чили в РФ Пабло Кабрера. Мы, чилийцы, смотрим на все изменения, произошедшие в вашей стране за последнее время, через призму мировой истории, в которой Россия всегда была постоянным и важнейшим участником. Мы испытываем к вашей стране чувство дружбы и огромного интереса, который обусловлен еще и тем, что в Чили переход к демократии тоже идет не без проблем. Для того чтобы в эпоху глобализации мир развивался гармонично, всем нам нужна стабильная и сильная Россия.

Бывший Чрезвычайный и Полномочный Посол Австралии в РФ Лоррайн Пирс. Для большинства австралийцев Россия — это другая планета. Впрочем, как и для россиян Австралия. Мы мало знаем друг о друге. Мне кажется, должно пройти время, чтобы понять, что мы на одной планете. Единственное, что могу сказать с уверенностью, Россия — совершенно замечательная страна. Я все время сравнивала ее с Австралией и находила много общего — в характере, обычаях, поведении. Главное мое впечатление от России, что здесь идут серьезные изменения к лучшему. И мне кажется, что этот имидж воспринимают и австралийцы. По крайней мере те из них, кто после дефолта 1998 года свернул свой бизнес здесь, сейчас опять вернулись.

⑥ **К вашему сведению**

Результаты опроса ВЦИОМ «Какой образ России, по вашему мнению, существует сейчас за ее пределами?» (в %)

46,9 — «Страна, пребывающая в состоянии, близком к хаотическому»

13,1 — «Государство, переходящее от тоталитаризма к демократии»

10,9 — «Типичная страна "третьего мира"»

9,0 — «Страна, активно влияющая на мировую политику»

4,4 — «Демократическое государство»

3,6 — «Военизированная держава, угрожающая миру»

(Огонёк, 30 сентября 2002 г.)

2. В Россию с любовью

① **Прочитайте текст**

Живет среди нас обычная девушка Lena. Приехала Lena в Москву из Нью-Йорка. Мысль о надвигающейся на Россию страшной американизации не дает ей покоя.

— Свою миссию я вижу в том, чтобы не допустить <u>американизации</u> России. Русские знают о нас в основном по фильмам, которые каждый вечер идут по вашему телевидению. От этого у русских складывается неправильный образ американцев и развивается плохой вкус. Я хочу, чтобы русские поняли, что у них замечательная страна, ее надо любить со всеми недоделками и недостатками. Многим русским кажется, что в Америке все идеально и если русские введут у себя такие же, как у нас, законы, построят высокие дома из стекла и бетона и станут питаться суррогатами Макдоналдса, то все изменится к лучшему. Ничего подобного! Русские не понимают, какая у них интересная жизнь. Интересная именно из-за нестабильности и борьбы со всем, чем только можно, начиная от тараканов на кухне и вплоть до уличных митингов. Я хочу, чтобы русские поняли, что стабильность — всего лишь иллюзия. На самом деле в жизни не может быть ничего стабильного. Все мы под Богом ходим. Стабильной может быть только культура. Культуру надо поддерживать во все времена. Беда в том, что культурный уровень граждан сейчас заметно снизился. Не только в России. Возьмите любую страну Европы, Америку. Я с ностальгией вспоминаю то время, когда в метро все читали. А сейчас человека с книжкой увидишь редко, все чаще курс доллара обсуждают.

— *А что изначально тебе было непонятно в русских, что удивляло?*

— Любой русский человек, вроде бы такой угрюмый и неулыбающийся, может толкнуть или обругать тебя на улице или в транспорте, но в то же время он имеет некую душевную теплоту и может пригласить тебя к себе домой, накормить, напоить, за жизнь поговорить и денег взаймы дать. А американец, который тебе широко улыбается на улице, вряд ли пригласит домой даже хорошего знакомого. А если и пригласит, то даже кока-колой не угостит. Я очень удивилась, узнав, что система брачных контрактов сейчас практикуется в России. Если честно, я иногда реву в подушку оттого, что здесь идет такая страшная американизация. Люди берут за образец то, чего толком не знают.

(Огонёк, № 11—12, март 2002 г.)

② **Что это значит?**

— американизация
— Макдоналдс
— все мы под Богом ходим
— брачные контракты

③ **Ответьте на вопросы по тексту**

▲ Как зовут нашу героиню и откуда она?

▲ В чем она видит свою миссию в России?

▲ Каким образом у русских складывается образ американцев?

▲ Почему Lena думает, что у русских интересная жизнь?

▲ Что может быть стабильным по ее мнению?

▲ Что Lena думает о культурном уровне граждан?

▲ Чего Lena не понимала в русских, что ее удивляло?

▲ Почему Lena так боится американизации в России?

④ **Ваше мнение**

• Что вы думаете об увлечении образом жизни другой страны и подражании ему?

• Есть ли мода на подражание образу жизни то одной, то другой страны?

• Как складываются наши представления о жителях других стран?

• Надо ли человеку любить страну, в которой он родился?

• Все ли вам понятно в русских?

• Какие существуют стереотипы о русских?

• Какие стереотипы существуют о жителях вашей страны?

• Как бы вы определили свой интерес к России?

• Согласны ли вы с тем, что стабильной может быть только культура?

⑤ **Разные мнения**

Елена. Русские сами должны заботиться о своем будущем, за вас его никто не сделает. Как зеницу ока вам надо хранить и умножать национальную культуру.

Ольга. С русской приятельницей, которая уехала жить в США, мы рассуждали, в чем разница между американцем и русским. Американец вовремя явится на свидание, пригласит тебя в ресторан, оплатит ужин, скажет, какая ты красивая и незабываемая, пообещает на следующий день позвонить и никогда больше не позвонит. А русский напросится к тебе домой якобы в гости, а сам съест все, что имелось в холодильнике, напьется и останется жить, пока ты его не выгонишь.

Галина Щербакова, писательница: Родину можно не любить, если не находишь в ней приятных для себя черт.

На другом берегу реки трава зеленее. (Пословица)

Хорошо там, где нас нет. (Пословица)

3. Особенности национального характера

① **Прочитайте текст**

Идея этой статьи возникла у меня после того, как я побывала в Финляндии. Меня очень удивило то, что два народа, <u>живущие бок о бок,</u> в одних и тех же климатических условиях, могут так отличаться друг от друга. Русские и финны, почему же мы такие разные? Есть ли хоть что-то, что нас объединяет, кроме сугробов, холодного северного ветра и длинной зимы?

По мнению финнов, русские веселые и умеют наслаждаться жизнью. Они веселы, даже когда дела идут плохо. Финны не понимают, как люди могут быть веселы и приятны в общении, если общая ситуация в стране тяжелая и будущее ничего хорошего не сулит. Еще финны заметили, что русские любят хорошую еду, напитки и приятное общество, они считают важными дни рождения, к которым готовятся тщательно: накрывают стол с обилием блюд и заботятся о том, чтобы ничто не помешало празднеству. Им присущи эмоциональность и открытое проявление чувств. Они с радостью рассказывают о себе и о своей семье, могут излить душу малознакомому человеку и ожидают этого же и от других. Русские задают много вопросов, к чему не привыкли финны.

Часто в России можно заметить, что к делам русские относятся чаще не рассудочно, а эмоционально. Личные симпатии и антипатии много решают в деловых вопросах. Русские выражают свои чувства очень открыто и умеют как сами реагировать на проявление сочувствия по отношению к себе, так и оказывать его другим. Нигде больше нет таких людей, которые бы так прямо высказывали свои мысли.

Русские живут по принципу «завтра все изменится к лучшему». Эта черта характера проявляется, например, в отношении к деньгам: русские могут нерационально тратить деньги, хотя, может быть, их едва хватает на самое необходимое.

Люди могут быть грубы, например, в магазинах или на улице, в метро или автобусе, но когда с ними знакомятся ближе, то легко становятся друзьями: будут останавливать на улице и расспрашивать о делах и семье, обнимать, знакомить с другими, приглашать в гости и принимать как родного. Русские гостеприимство и щедрость даже нельзя сравнить с финскими. Обычно гости приезжают в Россию с одним чемоданом, а уезжают с двумя и с множеством пластиковых пакетов с кабачками, салатом, вареньем, книгами и сувенирами.

Русским женщинам присуща женственность в одежде. Как правило, все женщины стройны, длинноноги и ходят на высоких каблуках. Иностранная студентка чувствует себя Золушкой в своем спортивном костюме. Первое впечатление иностранца от внешности русских женщин это то, что все русские женщины готовы продаться за деньги, но когда они видят матерей, несущих сумки с едой и ведущих детишек, понимают, что это просто такой стиль одеваться — женственно и соблазнительно.

Русские неорганизованные, у них отсутствует способность думать целесообразно, иногда что-то они начинают искать в последнюю минуту и не могут найти. Такую неорганизованность можно часто наблюдать в быту. Дела не решаются целесообразно, они накапливаются. Некоторые русские очень пунктуальны и никогда не опаздывают. Другие же могут забыть, какой сегодня день недели.

Широта натуры и беспечность видны также в отношении к чистоте в квартирах и вообще к чистоплотности. Из-за отсутствия строительных материалов дома в России нуждаются в ремонте.

Состояние общественных туалетов и подъездов всегда оставляет неизгладимое впечатление у иностранцев. У русских есть определенное безразличие к материальным ценностям. Если ручка двери оторвалась, то и <u>пусть</u>, если лифт не работает, то и пусть, если кран течет, то и <u>пусть себе течет</u>. Дело не в том, что исправление неполадок требует невероятных усилий, а в том, что это является для русских второстепенным. Особенно все, что находится в совместном пользовании, может спокойно <u>приходить в упадок</u>. Если терпение людей иссякает и вопрос становится для них важным, то тогда не жалеют ни времени, ни усилий, чтобы исправить положение.

Еще финны задают такие вопросы: почему русские, живя бедно, стремятся покупать меха и золото? Как можно существовать, месяцами не получая зарплату, и быть при этом сытым и неплохо одетым? Зачем, идя на работу, российские женщины так одеваются и накладывают такой макияж, как будто они идут на званый вечер? Почему русские кладут в чай так много сахара, но не размешивают его хорошенько, и не допивают сам чай?

(**Ирина Нестерова** http://www.ekklesiast.ru)

② Что это значит?

— жить бок о бок
— пусть
— пусть себе течет
— приходить в упадок

③ Ответьте на вопросы по тексту

▲ Что объединяет русских и финнов?

▲ Какие отрицательные черты отмечают финны у русских?

▲ Какие черты характера русских вызывают симпатию у финнов?

④ Ваше мнение

• Что вас удивляет в русских?

• Какие черты характера русских вам симпатичны?

- Какие черты характера вызывают у вас антипатию?

- В чем различие и похожесть характера русского и жителя вашей страны?

- С какими положениями статьи вы можете согласиться, а с какими поспорить?

- Что формирует национальный характер жителя той или иной страны?

- Есть мнение, что отличительные черты и особенности того или иного народа видны только в истории. Только в истории можно понять, что в этнической системе остается при любых обстоятельствах неизменным, что отбрасывается, что и как видоизменяется. Выскажите свое мнение об этом.

- Как вы думаете, что меняется в сознании народа со временем и что остается неизменным?

⑤ Разные мнения

Светлана Лурье. История идеи национального характера столь же древняя, как и само разделение человечества на народы и племена. Мысль, что этнические различия выражаются не только в различии вещей, обычаев и способов хозяйства, но и в разнице темпераментов и поведенческих черт, приходила и Геродоту, и Нестору, и Монтескье, и десяткам и сотням их менее знаменитых современников. Французский путешественник Адольф де Кюстин с ненавистью описывал Россию в 1839 году как страну рабов, в которой все пронизано страхом, а апатичные и трусоватые русские даже дышат не иначе как по приказанию императора. А всего несколькими годами ранее Александр Пушкин писал: «Взгляните на русского крестьянина: есть ли тень рабского унижения в его поступи и речи? О его смелости и смышлености и говорить нечего. Переимчивость его известна». Разгадать <загадочную русскую душу> пыталось не одно поколение русских и иностранцев, выдумывая для нее все новые и новые алхимические формулы.

Бэринг. В русском человеке сочетаются Петр Великий, князь Мышкин и Хлестаков.

Джефри Горер, американский антрополог. Туго спеленывая младенца, русские информируют своих детей о необходимости сильной внешней власти, а проинформированные таким образом младенцы вырастают послушными и терпеливыми, покорными даже тоталитаризму, но склонными к кратковременным бунтам и анархии.

(По материалам Интернета)

Англичанин хочет превратить мир в фабрику, француз — в салон, немец — в казарму, русский — в церковь. Англичанина влечет добыча, француза — слава, немца — власть, а русского — жертвенность. Англичанин хочет наживаться от ближнего, француз — импонировать ближнему, немец — командовать ближним, а русский ничего от него не хочет. Он не желает превращать ближнего в некое средство (*Шубарт В.* Россия и душа Востока: Пер. с нем. М., 1997).

О ЯЗЫКЕ

1. Иностранные языки

① **Прочитайте текст**

После просмотра некоего фильма мой младший брат заявил: «Когда пойду в школу, буду учить язык эльфов». Его <u>продвинутый</u> друг заметил: «Да тебя с ним никуда работать потом не возьмут». Брат задумался. Он хочет работать в просторном кабинете с большим компьютером и знать язык эльфов одновременно. Друг учит: «Чтобы тебя взяли на работу, надо выучить нужный язык». От истины он недалек — работу получше находят как раз те, кто владеет не просто <u>каким попало</u>, а востребованным иностранным. Только вот как угадать, какой язык учить, чтобы оказаться востребованным лет этак через пять?

Преподаватель перевода Московской международной школы переводчиков В. Шпрынов:

— Вне конкуренции останется английский. Это международный язык, на котором говорят, собравшись вместе, люди таких национальностей, о существовании которых и не догадывались никогда. И нет никаких предпосылок к тому, чтобы в ближайшем будущем вся мировая общественность переключилась на, допустим, русский. Английский как был языком № 1, так им и останется. Популярность французского и испанского языков возрастет. Специалисты с такими иностранными будут востребованы. Особый шик — признаться, что испанский/французский — твой второй иностранный. После английского, конечно. На работу возьмут обязательно. Еще <u>круче</u> окажется <u>знать немецкий</u>. Пустота в этой сфере, образовавшаяся в нашей стране в послевоенный период. Мода на Восток не пройдет незамеченной — останется интерес и к китайскому, и к японскому. Вряд ли эти трудные для изучения языки выбьются в лидеры, но для того, чтобы привлечь внимание, <u>сойдет</u>. Есть и другая корысть — переводами с восточных языков занимаются не так уж и много людей. А текстов в иероглифах становится все больше и больше.

② Что это значит?

— продвинутый (друг)
— (владеть) каким попало (языком)
— круче знать немецкий
— сойдет!

③ Ответьте на вопросы по тексту

▲ О чем говорили ребята после просмотра фильма?

▲ Какой фильм посмотрели дети?

▲ Какие языки стоит учить и почему?

▲ Стоит ли изучать восточные языки?

④ Ваше мнение

• Почему люди изучают иностранные языки?

• Какие языки чаще всего изучаются?

• Есть ли мода на изучение языков?

• Специалисты со знаниями каких языков всегда востребованы?

• Будет ли русский язык языком № 1 в мире?

• Всем ли нужно знать иностранные языки?

• Кому обязательно нужно владеть иностранными языками?

• Что значит «свободное владение языком»?

⑤ Разные мнения

Проректор по международному развитию, доктор экономических наук Рашид Шамильевич Салиев, Институт управления экономики. В условиях глобализации экономики, теснейшего переплетения информационных потоков язык превращается в основной производственный фактор. Он становится универсальным средством профессиональной, производственной жизни и без него просто нельзя обойтись. Сейчас невозможно говорить об овладении навыками специальности, не зная, прежде всего, английского языка. Специалист без языка — это не квалифицированный специалист, даже если он будет обладать техническими знаниями, знать дисциплины учебного плана.

«Человек столько раз человек, сколько языков он знает».

Д.И. Фонвизин «Недоросль»: «Зачем географию учить, когда ямщик довезет».

Какой вопрос является одним из самых главных в кадрах и в рекрутинговом агентстве? Правильно. Владеете ли вы иностранным языком и в какой степени. И не важно, что на работе он вам может никогда не пригодиться. Главное, им владеть. И владеть хорошо. В настоящее время человек, который знает один иностранный язык — это банальность. Два языка — распространенное явление. Поэтому надо знать три и более иностранных языков. Именно знать язык, а не просто говорить.

(Огонёк, № 9 от 3 марта 1997 г.)

2. Сленг

① **Прочитайте текст**

Дети и подростки всегда говорили не так, как взрослые. Во все времена язык любимых чад казался родителям вульгарным и помоечным. Но в последние годы взрослые просто захлебываются от негодования, когда слышат разговоры школьников. «Современные дети коверкают язык!», «Они совершенно не могут выражать свои мысли!», «Если так дальше пойдет, от русского языка останутся рожки да ножки!».

Может, не стоит паниковать? У каждого поколения детей свой набор любимых словечек. Непосвященным трудно их понять. Сленг (или жаргон) всегда был как бы паролем, пропуском в компанию ровесников. Сленг жил, жив и будет жить.

Ведь, как сказано в энциклопедии, «сленг — экспрессивно и эмоционально окрашенная лексика разговорной речи, отклоняющаяся от принятой литературной языковой нормы». Заметьте, «экспрессивно и эмоционально окрашенная». В этом все дело! Если бы газета «Ведомости» и пятиклассники, например, изъяснялись одним языком, родителям впору было бы всполошиться и тащить своих отпрысков к врачу. Если бы дети разговаривали, как взрослые, они были бы похожи на маленьких старичков.

А теперь о грустном. Почти все слова, которые так любят наши дети, можно найти в Словаре тюремно-лагерно-блатного жаргона. Если мы такие умные и правильные, то почему блатным языком говорят в фильмах, в новостях, депутаты и даже президент?

(АиФ, Семейный совет, выпуск 18 (187) от 21 сентября 2002 г.)

② Что это значит?

— коверкать язык
— сленг
— блатной язык

③ Ответьте на вопросы по тексту

▲ Что значит сленг?

▲ Почему взрослые против сленга?

④ Ваше мнение

• Каким образом, по-вашему, сленг попадает в речь?

• Почему, на ваш взгляд, автора статьи не устраивает источник пополнения лексики современного русского языка?

• Как вы думаете, сленг засоряет язык?

• Использование сленга — демонстрация своего статуса, космополитичность?

- Сленг жил, жив и будет жить. А вы как думаете?
- Зачем нужно задумываться над своей речью?
- Станет ли ненормативная лексика разговорной нормой?

⑤ Разные мнения

Сергей Шаргунов, писатель. Я думаю, что те, кто использует сленг налево и направо, *блин*[1], они на самом деле *гопники*[2] и *лошары*[3]. А *реальные*[4] пацаны — они *фильтруют базар*[5]. Не нужно представлять, что молодежь — это дикобразы. Инопланетяне, которые только и говорят варварским языком. На самом деле существует русский язык, человеческая речь.

(АиФ, Я молодой, выпуск 36 (422) от 28 ноября 2002 г.)

Анатолий Поликарпов, доктор филологических наук, профессор МГУ. Русский язык — синтетический, и он имеет свойство обогащаться за счет заимствований, так что вырождение ему не грозит. Несомненно, влияние английского будет ощущаться и дальше, но любые заимствования как бы растворяются в русском языке, удачно вписываются в него.

Ольга Кукушкина, доктор филологических наук. Чем общество увлекается, оттуда оно и черпает лексику. Появились компьютеры — появилось выражение «Он меня грузит». В начале 90-х все поголовно смотрели мексиканские сериалы и называли дачи фазендами; потом телевидение сделало ставку на криминальную тематику фильмов, и это закрепило в разговорной речи ненормативную тюремную лексику. Собственно, такие слова, как «беспредел», «разборки», «по понятиям», давно стали разговорной нормой и теперь, похоже, останутся в ней навсегда.

(АиФ, Москва, выпуск 29 (523) от 16 июля 2003 г.)

---

[1] *блин* — междометие, выражение досады, удивления, раздражения.
[2] *гопники* — агрессивно настроенные подростки, иногда объединённые в группировки.
[3] *лошары* — неудачники.
[4] *реальные* — настоящие.
[5] *фильтровать базар* — быть осторожным в выборе выражений.

Александр Шахнарович, профессор, доктор филологических наук.
Язык — слишком прочная и жизнеустойчивая система, к тому же способная самоочищаться. И такая вещь, как сленг, идет ему на пользу. Мегаполис не может обойтись без сленга, который отражает мозаичность населения и разнообразие субкультур.

(АиФ, Москва, выпуск 52 (390) от 27 декабря 2000 г.)

3. Ненормативная лексика

① **Прочитайте текст**

Русский человек <u>матерился</u> всегда — это одна из сторон нашего загадочного менталитета. Несмотря ни на какие катаклизмы, русский <u>мат</u> не исчезает, а все более расширяется, претендуя на позицию национальной культуры. Для русского человека материться — это, наверно, второе любимое занятие после пожирания водки. Достоевский в своем дневнике за 1873 г. писал: «Известно, что <u>во хмелю</u> первым делом связан и туго ворочается язык во рту, наплыв же мыслей и ощущений у хмельного человека почти удесятеряется. А потому, естественно, требуется, чтобы был отыскан такой язык, который смог бы удовлетворить этим обоим, противоположным состояниям. Язык этот уже спокон веку отыскан и принят во всей Руси. Это — мат».

Что же такое мат? Считать мат прерогативой только ругани было бы неверно. Нет, конечно, когда человек взбешен и разозлен, мат есть едва ли не генетическая реакция.

Считается, что ругаться матом неприлично, непристойно и вызывающе. Но сама по себе такая постановка вопроса ошибочна. Обратите внимание: присутствие мата в речи приемлемо лишь в узком кругу своих людей, поскольку, произнося подобные слова, человек как бы обнажает свою богатую (или напротив) натуру и свои мысли перед человеком, которому это адресовано.

Мат также служит универсальным средством достижения взаимопонимания людей.

(АиФ, Я молодой, выпуск № 2, 23—24 (409—410) от 13 июня 2002 г.)

② Что это значит?

— ненормативная лексика
— материться
— мат
— во хмелю

③ Ответьте на вопросы по тексту

▲ Что такое мат?

▲ Какие записи относительно языка сделал Достоевский в своем дневнике?

▲ Когда человеку свойственно материться?

④ Ваше мнение

• Почему люди ругаются матом?

• А вы употребляете матерные слова в речи?

• Считаете ли вы, что материться свойственно только людям, не имеющим высшего образования?

• Допустимо ли использование ненормативной лексики? В каких случаях?

• В чем вы видите пользу / вред от матерщины?

• Должно ли быть наказание за нецензурную брань? Какое?

⑤ Разные мнения

Lena — американка из Нью-Йорка. Прожив месяц в России, я поняла самое главное — матерные слова в этой стране ключевые, без них не обойтись ни в общественном транспорте, ни в магазине, ни порой в офисе приличной компании. Я знаю несколько матерных слов и, если надо, могу употребить. Мне нравится в русских, что они в чем-то умеют проявить деликатность, а если человек тебя в упор не понимает, как скажут... И все!

(Огонёк, № 11−12 (4739−4740), март 2002 г.)

Сотрудник кафедры психолингвистики Института языкознания РАН. От ненормативной лексики намного больше пользы, чем вреда. Отмахиваясь от крепкого словца, складывая губки бантиком и брезгливо морщась: «Ах, фи, что за выражение!», люди не понимают, что, по большому счету, мат их объединяет — даже тогда, когда один другого посылает сами знаете куда. С употреблением мата из человека уходит агрессия.

Владимир Лукин, заместитель председателя Государственной думы. Ненормативная лексика существовала, существует и будет существовать вне зависимости от моего к ней отношения. Это часть русского языка, который великий, могучий, правдивый — и иногда крепкий. А дальше все дело в такте, приличиях и уме. Конечно, нецензурные слова однозначно не должны звучать в общественных местах, там, где это неприемлемо с точки зрения наших приличий, нашей культуры. Когда не очень трезвая мамаша орет матом на своего ребенка — это чудовищно! А вот если два мужика между собой или веселая мужская компания в бане, и звучит анекдот — это другое дело, это вполне допустимо и обыденно. Пушкин ведь тоже знал и применял такие слова, но не в светских салонах при дамах и барышнях. Так что нецензурная лексика — это проблема не языка, это проблема культуры и цивилизованности личности.

Виктор Илюхин, депутат Государственной думы, лидер Движения в поддержку армии. Когда звучит официальное выступление должностного лица — в том числе депутата — использование ненормативной лексики недопустимо. Их речь должна быть строга, грамотна — с точки зрения писаных и неписаных правил русского языка. Между тем можно согласиться с присутствием менее жесткой, неформальной лексики на брифингах, на телевидении, в газетах. Бесспорно, уместны языковые вольности и в кругу друзей, в ходе неформального общения.
(АиФ, Долгожитель, выпуск 5 (17) от 6 марта 2003 г.)

Татьяна Суркова. В детстве мне говорили, что матерные слова — это очень плохо, и в речи их использовать нельзя — табу. Потом в моей жизни чередовались периоды активного использования в речи матерщины и полного отказа от нецензурной брани. А потом я повзрослела, поумнела и поняла, что русский мат — это не простые ругательства, а способ передать все переживания и томления загадочной русской души. Ведь русский человек ругается матом, указывая другому человеку на его ошибки. (На х...я ты это сделал?) И восторгаясь прекрасными пейзажами (бл.., красота-то какая!), и даже признаваясь в любви (эх, Машка, твою мать, люблю я тебя!), и это не говоря уж о таких естественных вещах, как бытовое общение, просмотр футбола. Правда, в народе сложился некий стереотип, что активно матерятся люди следующих профессий: сантехники, матросы (и другие военные), строители, грузчики — то есть люди с посредственным образованием. В жизни совсем не так: матом ругаются представители всех возрастных групп и профессий, имеющие разный социальный статус и финансовое положение. Хотя меня очень напрягает, когда я слышу матерную ругань от четырехлетнего карапуза, чьи родители окончательно спились, но успели научить собственное чадо всем премудростям русского языка. Детей за использование мата надо ругать, сильно ругать.

(АиФ, Я молодой, выпуск 14—15 (400—401) от 11 апреля 2002 г.)

⑥ **К вашему сведению**

Кодекс РФ об административных правонарушениях.
Статья 158. Мелкое хулиганство.
Мелкое хулиганство, то есть нецензурная брань в общественных местах, оскорбительное приставание к гражданам и другие подобные действия, нарушающие общественный порядок и спокойствие граждан, влечет наложение штрафа в размере от десяти до пятидесяти рублей или исправительные работы на срок от одного до двух месяцев с удержанием двадцати процентов заработка, а в случае, если по обстоятельствам дела, с учетом личности нарушителя, применение этих мер будет признано недостаточным, — административный арест на срок до пятнадцати суток.

О РАЗВЛЕЧЕНИЯХ И УВЛЕЧЕНИЯХ

1. Туризм: польза или вред?

① **Прочитайте текст**

По подсчетам специалистов, <u>туризм</u> приносит около 11% валового дохода во всем мире и обеспечивает такой же процент занятости в мировых масштабах. На данный момент один из 10 человек в мире хотя бы раз летал за границу. Остается все меньше и меньше непопулярных направлений и нетронутых туристической цивилизацией <u>уголков</u> в мире. По подсчетам, недавно проведенным Worldwatch Institute, больше всех тратят в заграничных поездках, равно как и зарабатывают на приезжих гостях, американцы. Следом за <u>США</u> в графе (те, кто тратит) идут в порядке убывания: Германия, Великобритания, Япония, Франция, Италия, Канада и Нидерланды. Во второй графе (те, кто зарабатывает на въезжающих туристах) порядок такой: Испания, Франция, Италия, Великобритания, Германия, Китай, Австрия, Канада, Греция. Развитие туризма заметно везде, однако большинство самых популярных туристических направлений по-прежнему находится на Западе. Опасным моментом столь быстро развивающейся отрасли остается состояние <u>экологии</u> в странах, куда стремятся толпы туристов, и вред, который приносят самолеты и иные виды транспорта окружающей среде.

(Газета для путешественников)

② **Что это значит?**

— туризм
— уголок (мира)
— США
— экология

③ Ответьте на вопросы по тексту

▲ О каких положительных и отрицательных чертах туризма упоминается в тексте?

▲ Можно ли говорить о том, что круг посещаемых стран постоянно увеличивается?

④ Ваше мнение

• Действительно ли польза туризма стоит тех негативных последствий, к которым он приводит?

• Каким образом туризм приносит прибыль странам?

• Что вы думаете о туризме в малоразвитых странах?

• Зависит ли туризм от моды?

• Какие причины могут повлиять на падение рынка в этом бизнесе?

• Есть мнение: законы туризма требуют, чтобы та или иная область отвечала определенному сложившемуся стереотипу, что зачастую препятствует модернизации и развитию или требует от местных жителей создавать карикатуру на собственную культуру. Что вы об этом думаете?

• Есть мнение: инфраструктура, в частности, воздушное пространство, уже не в состоянии справиться с требуемым огромным количеством путешествий, так что необходимо найти пути искусственного уменьшения количества туристов. Верно ли это?

• Последнее время становится популярным экотуризм. Чем это можно объяснить?

• Каким образом должны расходоваться средства, зарабатываемые на туризме?

⑤ Разные мнения

Наряду с проблемами, которые приносит туризм, он приносит финансовые результаты для местных экономик. Однако, похоже, отрицательные экологические последствия туризма все-таки перевешивают. Помимо загрязнения атмосферы он ведет к повышенной эксплуатации природных ресурсов. Во время поездок человек использует в два раза больше воды, чем когда находится дома. Только одно используемое туристами поле для гольфа в Таиланде требует для полива столько же воды, сколько потребляют 60 тысяч местных сельских жителей. Проникновение туристов в дикую природу повышает уровень шума. Зимой в Йеллоустонском национальном парке в США шум снегоходов можно слушать на протяжении 70% суток в 11 из 13 точек наблюдения. Вблизи от гейзера, которым знаменит этот национальный парк, шум снегоходов в светлое время суток зимой слышен постоянно.

(Агентство экологической информации «ИНЭКО», 28 июня 2003 г.)

Франческо Франжиалли, генеральный секретарь Всемирной туристской организации. Большое значение Всемирная туристская организация придает экотуризму как инструменту устойчивого развития туризма вообще. Мы поддержали идею Генеральной Ассамблеи ООН, провозгласившей 2002 год Международным годом экотуризма. Экотуризм расценивается как реальное средство борьбы с бедностью, безработицей, загрязнением окружающей среды, истощением природных ресурсов. Конечно, туризм наносит вред экосистемам, но в то же время он приносит деньги, на которые можно восстанавливать то, что испорчено. В результате специальных исследований и опросов мы пришли к выводу, что в ближайшие 25 лет количество туристов в мире увеличится в три раза, а в Европе — в два. Соответственно, со временем они будут все больше концентрироваться в центрах туризма, активно посещать памятники мирового значения, внесенные в Список ЮНЕСКО. Это влечет за собой много проблем, и решить их можно, только используя новые технологии и средства современного маркетинга.

(Деловой еженедельник «ЭКОНОМИКА И ВРЕМЯ»
(Санкт-Петербург), № 41 (428) от 5 июля 2004 г.)

Иван Егорычев. Экотуризм в комплексе решает и природоохранные, и социальные проблемы (не считая того, что это выгодный бизнес), а также создает новые рабочие места. Для него необходимы местные гиды и проводники, нужны продукты питания, транспорт, места проживания для туристов, не следует забывать об изготовлении и продаже изделий народных ремесел, о выступлениях фольклорных ансамблей и тому подобных сопутствующих вещах. То есть экотуризм имеет все предпосылки стать одним из факторов устойчивого развития любой территории.

(Дальневосточный капитал, № 6, июнь 2001 г.)

2. Шопинг: развлечение или болезнь?

① **Прочитайте текст**

Перед отпуском Ирина Б. закупила целый чемодан новеньких маечек, трусиков и купальников. Однако половина приобретенных Ириной вещей так и осталась нераспакованной, что вызвало недоумение супруга: к чему было тратить деньги? 14-летняя Лариса Н. никак не может объяснить родителям, почему всякий раз, отправляясь за продуктами для семьи, значительную часть выделенной суммы она тратит на кассеты и диски. «Мы и так даем тебе деньги на расходы. Зачем покупать лишнее?» — удивляются родители. А пенсионерка Вера Л. нашла себе такое хобби. Приходя в супермаркет, она набирает полную тележку всевозможных товаров и оставляет ее перед кассой.

Эти случаи и десятки похожих были зафиксированы специалистами столичного Медико-психологического центра индивидуальности. По их мнению, впору говорить о том, что москвичи начали страдать новой формой социального невроза — стремлением делать бессмысленные покупки. Они называют это навязчивым <u>шопингом</u>. Есть угроза, что количество <u>шопингоманов</u> с каждым годом будет только расти. Это одна из болезней больших городов.

(АиФ, Москва, выпуск 39 (533) от 24 сентября 2003 г.)

② **Что это значит?**

— шопинг
— шопингоман

③ **Ответьте на вопросы по тексту**

▲ Что объединяет Ирину Б., Ларису Н. и Веру Л.?

▲ Что такое шопинг?

④ **Ваше мнение**

- Кто, по-вашему, более подвержен шопингу?

- Думаете ли вы, что шопинг — это болезнь?

- Как вы думаете, что является причиной шопинга?

- Чем, по-вашему, отличается вещизм (повышенный интерес к вещам, к обладанию ими в ущерб духовным интересам) от шопинга?

- Почему считается, что магазиномания распространена в мегаполисах?

- Как можно помочь шопингоманам?

⑤ **Разные мнения**

Игорь Иванович Сергеев, заведующий кафедрой психиатрии и медицинской психологии РГМУ, профессор, доктор медицинских наук. Конечно, это в большинстве случаев никакая не болезнь, хотя подобное поведение порой характерно для психически больных. Это можно наблюдать у людей с маниакальным состоянием. У них бывают периоды, когда настроение патологически повышено, влечения усилены, они очень активны. И одно из проявлений мании — это ненужные и необоснованные траты, приглашение в дом большого числа малознакомых людей, разъезды по городу на такси в поисках чего-то такого, что принесло бы душевное облегчение, и в итоге в подобном состоянии тратятся очень большие деньги. Купленные в горячке вещи реализовать нельзя, и семье наносится ощутимый материальный ущерб. Потом это состояние проходит, появляется критика, сожаление о сделанном. Такое состояние — это болезнь, а к обычным «маньякам», т.е. здоровым людям, применимо понятие неудержимого влечения, когда увидел, загорелся и захотел купить.

(АиФ, Здоровье, выпуск 26 (411) от 27 июня 2002 г.)

Евгений Шапошников, профессор Института повышения квалификации врачей Минздрава, академик РАЕН. Страстью к ненужным покупкам в первую очередь одержимы люди среднего и старшего поколения. Они задним числом компенсируют тот дефицит товаров, который наблюдался в советские времена. Тотальный покупательский психоз сформировал у многих потребительскую психологию. За рубежом навязчивый шопинг тоже наблюдается — особенно в мегаполисах, где ассортимент богаче и реклама изощренней. Но в развитых странах это не носит массовый характер. Пресловутый вещизм, приписываемый американцам, проистекает скорее из высокого уровня жизни — они могут позволить себе покупать лишнее. А навязчивый шопинг как форма невроза — это удел жителей тех стран и городов, куда рыночное изобилие пришло сравнительно недавно. И проблема в том, что некоторые шопингоманы тратят на ненужные покупки последние деньги, нанося семейным бюджетам серьезный урон. Да и вопреки расхожему мнению, это необязательно люди богатые.

Роберт Тайер, американский психолог. Пробежка по магазинам — лучший способ избавиться от беспокойных мыслей и совладать с депрессией.

(АиФ, Москва, выпуск 39 (533) от 24 сентября 2003 г.)

3. Подарки: что и как дарить?

① Прочитайте текст

Ничто не радует сильнее, чем бескорыстное восхищение нами других людей. Законный знак такого восхищения — подарки. Подарок — это маленький подвиг во имя любви. Как сама любовь, подарок является незапланированной добавкой к обязательному.

Дарить, как и любить, — это инстинкт. Этого хочется. Но почему же то, что должно по определению радовать обе стороны — и дарителя, и получателя, — иногда превращается в тоскливую <u>социальную повинность</u>, в досаду и сожаления о напрасно истраченных средствах? Кому в предпраздничные дни приходилось <u>давиться в толпе</u> перед прилавками с <u>ритуальной дребеденью</u>, поймет, о чем я говорю.

(АиФ, Семейный совет, выпуск 5 (198) от 7 марта 2003 г.)

② Что это значит?

- социальная повинность
- давиться в толпе
- ритуальная дребедень

③ Ответьте на вопросы по тексту

▲ С чем сравнивается покупка, вручение подарков?

▲ Какие чувства могут испытывать даритель подарков и получатель?

④ Ваше мнение

- Что нужно учитывать, выбирая подарок?

- В чем заключается искусство дарить подарки?

- Как вы думаете, как правильно принимать подарки?

- Считается, что все праздники, кроме Нового года и дня рождения, — это маркетинговые выдумки. Что вы думаете об этом?

- Покупать подарки перед праздником — это обязанность или радость?

- Что нужно сделать, чтобы подарок запомнился?

- Какие подарки лучше не дарить?

- Что главное в подарке?

- Как, по-вашему, должен регулироваться вопрос о подарках президенту страны?

- Дареное не дарят. Что вы об этом думаете?

- Как вы понимаете пословицу: «Дареному коню в зубы не смотрят»?

⑤ Разные мнения

Ирина Аллегрова, певица. Самый запоминающийся подарок мне сделали несколько лет назад мои поклонницы. Они преподнесли мне мягкую игрушку с очень доброй надписью: «Ирочка, ты солнышко! Звезд много, а солнце одно!» Я до сих пор храню эту игрушку, а фразу запомнила на всю жизнь. Мне было очень приятно. Если говорить не о материальных ценностях, то самый лучший и дорогой подарок сделала мне дочь Лала — это мой внук Александр Второй, названный так в честь деда Александра Аллегрова.

(АиФ, Суббота-воскресенье, выпуск 1—2 (166—167) от 10 января 2002 г.)

Руководитель одного из небольших питерских предприятий любит оригинальные подарки. Сотрудник, который вечно в бегах и редко бывает на рабочем месте, получил в подарок колокольчик, «чтобы знать, где находится». Тому, кто опаздывает, подарили будильник и карту города, где обозначено его место жительства и место работы. Сотруднику, который любит, чтобы дверь была всегда закрыта, досталась дверная пружина, а вечно мерзнущему — градусник. Специалисты по компьютерам получили игрушечную мышку и темные очки. Каждый остался доволен: ведь главное в подарке — не цена, а внимание.

(АиФ, Петербург, выпуск 52 (437) от 26 декабря 2001 г.)

4. Лотерея: играть или не играть?

① **Прочитайте текст**

На вопросы журналиста отвечает Парасочка Андрей Валентино-вич, консультант департамента ценных бумаг и финансового рынка Минфина.

— *Андрей Валентинович, ходят слухи о создании Комитета по лотереям.*

— Это не слухи — идея обсуждается всерьез. Но создавать подобную структуру имеет смысл после принятия закона об этом виде деятельности. Речь ведь не о том, кто контролирует, а о том, кто проводит лотереи в России. Сейчас — в основном общественные объединения, в скором будущем предполагается проводить и государственные лотереи. Более того, рассматривается вопрос о том, чтобы вообще все лотереи у нас были государственными. С лотереями в мире дело обстоит по-разному. Есть страны, в которых просто запрещены лотереи, — например, в некоторых американских штатах. Но у нас до запрета вряд ли дело дойдет.

— *Согласны ли вы, что в принципе лотерея — легальный обман?*

— Почему? Игра — дело полюбовное, никто тебя не принуждает пытать судьбу. И потом, все лотереи, которые зарегистрированы на федеральном уровне, — это одна из форм благотворительной деятельности, обозначенной в уставе того или иного фонда или объединения. Например, «Дети Чернобыля»: все средства от проведения лотереи, и даже больше плановых, идут у них действительно на программы помощи пострадавшим.

— *Какие лотереи вы лично назвали бы «хорошими» и какие — «плохими», если рассматривать исключительно механику игры?*

— Все лотереи, проходящие наш контроль, стабильны и добросовестны. А плохие лотереи — то, с чем вы сталкиваетесь на вокзалах, у станций метро, на вещевых рынках. Жульничество в чистом виде. Мы тесно контактируем с силовыми структурами в пресечении такого рода игр на деньги.

(Огонёк, № 33 от 17 августа 1998 г.)

② **Что это значит?**

— Минфин
— лотерея
— жульничество
— силовые структуры

③ **Ответьте на вопросы по тексту**

▲ Какое мнение о лотереях существует в мире?

▲ Какова цель лотереи?

④ **Ваше мнение**

• В чем вы видите позитивную / негативную сторону лотереи?

• Лотерея — это форма благотворительности?

• Кто имеет право на проведение лотереи?

• Куда, на ваш взгляд, идут средства, вырученные от лотерей?

• Запретить или разрешить лотереи?

⑤ **Разные мнения**

Лотерея практически является регрессивной формой налогообложения, так как бедные играют гораздо чаще, чем богатые. Было бы гораздо справедливее, если бы эти средства собирались, например, через подоходный налог.

Катя Лель, певица. В детстве я очень много играла в лотерею, не пропускала практически ни одной, но с возрастом поняла, что это просто обман, и теперь не верю в это. По-моему, выигрывают только 5% из 100, а это, согласитесь, очень мало.

Марго, певица, группа «Стрелки». Игра — моя слабость. Очень люблю лотереи и, надо сказать, почти всегда выигрываю, но, к сожалению, очень маленькие суммы. Девчонки из нашей группы даже завидуют моей фортуне.

(АиФ, Суббота—воскресенье, выпуск 36 (149) от 4 сентября 2001 г.)

⑥ К вашему сведению

В царской России лотереи проводились в основном благотворительными обществами, из государственных наиболее значимы две лотереи: 1892 года — для помощи населению от неурожая и 1914 года — в пользу пострадавших от войны. В последующие годы добровольная лотерея была вытеснена принудительными государственными займами сначала военной поры, затем — «восстановления и развития народного хозяйства СССР». К лотереям страна вернулась в 1957 году. С 1958-го стали регулярно проводиться государственные лотереи в союзных республиках для пополнения доходной части их бюджетов.

(Карелия, № 15 от 9 февраля 2002 г.)

5. Тесты: как к ним относиться?

① Прочитайте текст

Вся правда о тебе (психологический тест)

Когда компания неожиданно становится неинтересной может спасти только массовая занимательная забава. Типа нашего теста. Говорят, его придумал сам дедушка Фрейд. Внимательно читай вслух каждый вопрос, а потом также вслух формулируй ответ. И смотри, не подсматривай результаты заранее! Итак...

Вопросы

1. Представь, что ты в пустыне. Опиши свой внешний вид: как ты выглядишь, свою одежду, что у тебя в руках? Не забудь про пустыню: как ты себя в ней чувствуешь, как выглядит она?

2. Ты довольно долго бредешь и вдруг — бац! Оазис— чудесное маленькое озеро с кристально чистой водой и небольшая развесистая пальма. Твои действия...

3. Продолжаем путешествие. По пути тебе попадается огромный табун лошадей. Там есть любые лошади, которые только существуют на свете. Какую из них выберешь себе ты? И, кстати, жеребца или кобылу?

4. Теперь ты едешь по пустыне на лошади. Вы уже проехали несколько сот километров, и силы кобылкины на исходе. Но вот удача — по пути вам попадается еще один оазис. Озеро, пальма — все как положено. Правда, кто-то повесил на пальму табличку: «Вода отравлена». А пить так хочется!!! Твои действия?

5. Табличка наврала, и вы снова в пути. По дороге вам попадается новый табун лошадей. Старый конь совсем выбился из сил, и его надо заменить. Кого ты выберешь на этот раз и что будешь делать со своей старой лошадью?

6. Наконец-то ты в городе. Из открытых ворот навстречу выходит карлик. Что будешь делать?

7. С карликом и лошадью распрощались. В руках у тебя случайно оказались ключи от твоей предполагаемой квартиры в этом городе. Ты поднимаешься по лестнице, открываешь дверь и.... Опиши, как в идеале должна выглядеть твоя квартира. Темно там или светло? Есть ли кто из людей или домашних животных? Фантазируй, в общем...

8. Отдохнув у себя дома, ты выходишь из подъезда. По дороге тебе попадается животное. Что это за зверь? (Называть можно любое животное — от собаки до антилопы гну.) И как он себя ведет по отношению к тебе?

9. Ты оказываешься перед очень (подчеркиваю — очень!) высокой стеной. Тебе надо через нее перебраться, а конца и края не видно. Как выйдешь из положения?

10. По ту сторону стены ты попадаешь в роскошный яблоневый сад. В нем есть любые сорта яблок — зеленые, красные, желтые, недозрелые, перезрелые, <u>падалица</u>. Сад просто огромный, но тебе надо выбрать себе самый лучший плод. Как долго будешь его искать? Опиши его внешне. Съешь ли ты его сейчас или оставишь про запас?

11. Из сада ты попадаешь на край пропасти. Тебе надо перебраться через нее по узкому мостику, на котором может уместиться только один человек. Ты уже прошел полпути, как навстречу, откуда ни возьмись, появляется маленький противный карлик. Этот лилипут категорически отказывается уступать дорогу. Как решить проблему?

Результаты

1. Пустыня — это твоя жизнь и твое к ней отношение. Если пустыня у тебя спокойная, жаркая местность, обрамленная барханами и редкими колючками, — то и жизнь, получается такая же: ровная и умиротворенная, с некоторым количеством житейских проблем. А вот если ты одет в бронежилет и в руках у тебя автомат Калашникова, есть повод задуматься, в кого ты такой агрессивный и недоверчивый. Кстати, если в пустыню захватил с собой всего лишь плеер и забыл надеть панамку — значит, ты не очень практичный человек. И вообще, в сущности, еще ребенок.

2. Оазис и пальма — это твое отношение к страстям. Если ты, не раздумывая, кидаешься купаться, то и в жизни частенько рискуешь и не прочь попробовать запретных удовольствий. А если аккуратно помочишь ноги и пойдешь дальше — то соблазнить тебя сложно.

3. Лошади — это сексуальные партнеры. Если ты выбираешь себе лошадь противоположного твоему пола (жеребца или кобылу), то с ориентацией все в порядке и бисексуальность тебе не грозит. А вот если наоборот... То, как ты выбираешь себе коня, указывает, какие именно качества в партнере играют для тебя главную роль. Красота, к примеру, или личные характеристики.

4. Отравленная вода — это конфликтная ситуация между тобой и партнером. Твои действия с лошадью указывают на то, как ты ведешь себя со своей половинкой — пытаешься свалить вину на нее (пробуешь воду на коне) или решаешь «принять удар на себя» (пьешь сам).

5. Новый табун — это разлука с предыдущим и поиск нового. Твои действия по отношению к первой лошади показывают, как именно ты расстаешься с людьми: безжалостно бросаешь, сразу кидаясь искать замену, или наоборот — пытаешься сохранить дружеские отношения. Если и во второй раз ты выбираешь лошадь того же пола, что и твой, — это уже серьезно. Если первая и вторая лошади похожи — то ты ищешь конкретного человека.

6. Карлик — твое здоровье. Насколько внимательно и приветливо ты отнесся к карлику, настолько же ты печешься о собственном организме.

7. Квартира — это твой внутренний мир. Если комната большая, с открытыми окнами и в ней много света, то ты — открытый, дружелюбный человек, «душа нараспашку». Если окна закрыты — любишь зациклиться на своих проблемах, а если в ней темно, то, судя по всему, частенько впадаешь в депрессию. Наличие животных означает скрытую вину за какие-то проступки, а те люди, которые обитают в твоей квартире, — самые близкие.

8. Животное у подъезда — это то, каким тебя видят окружающие. Кто ты для них — ласковый котенок или оборванная дворняжка?

9. Стена означает твое умение справляться с депрессиями и сумрачным состоянием души. Если стена кажется тебе непреодолимой, то, соответственно, одного в тяжкие моменты тебя оставлять попросту опасно. Но если ты браво ставишь ногу на выступающий кирпич — остается только позавидовать твоему самообладанию.

10. Фруктовый сад — твои сексуальные желания, темперамент и фантазии. Закоренелые бабники сразу же вцепятся в самый сочный

плод, придирчивые зануды со сложным характером станут долго выбирать, неуверенные барышни сначала возьмут <u>антоновку</u>, но потом задумаются и поменяют на «<u>гольден</u>». А вот если ты выбираешь <u>падалицу</u>, то секс — совсем не главное и даже не второстепенное в твоей жизни. Похоже, он вовсе для тебя ничего не значит.

11. Конфликт с карликом — это твои отношения с другими людьми. Если ты не тратишь время на разговоры, а просто сталкиваешь противника с мостика, то в реальности способен на все и часто ведешь себя, как отъявленный негодяй. Попытки решить конфликт мирным путем указывают на склонность к дипломатии. А вообще — чем оригинальней будет решение проблемы, тем более в жизни ты гибкий и изобретательный. С чем мы тебя и поздравляем.

(АиФ, Я молодой, выпуск 33, 2002 г.)

② Что это значит?

— Фрейд
— бац
— выбиться из сил
— падалица
— печься (о чем?)
— душа нараспашку
— зациклиться (на чем?)
— антоновка
— гольден

③ Ответьте на вопросы по тексту

▲ Что это за тест?

▲ На какие вопросы необходимо было ответить?

▲ Что пытались выяснить в ходе тестирования?

④ Ваше мнение

• Что вы думаете о тестах?

• Отвечая на вопросы теста, подсматриваете ли вы результаты?

- Всегда ли вы соглашаетесь с результатами теста?

- Каким образом на принятие вами важного решения влияют тесты?

- Служат ли тесты, по-вашему, панацеей от скуки?

- Если в компании скучно, что может исправить ситуацию?

⑤ Разные мнения

Константин Сурнов, психолог. Во всем мире, кроме профессиональных психодиагностических методик, есть еще развлекательные. К ним нужно относиться примерно с той же степенью серьезности, как к кроссвордам и анекдотам. Если у вас есть чувство юмора, играйте с ними на здоровье.

Во всем цивилизованном мире все осторожнее относятся к тестам. Результаты даже корректных тестовых испытаний никогда не являются единственным аргументом при принятии важных решений, например, о приеме на работу.

(АиФ, Семейный совет, выпуск 17 (210) от 13 сентября 2003 г.)

О ЗДОРОВЬЕ

1. Традиционная медицина или альтернативная?

① Прочитайте текст

Многие убеждены, что так называемая <u>альтернативная меди-</u><u>цина</u> может принести им избавление от болезней, с которыми <u>традиционная медицина</u> не может справиться. Популярными, но не традиционными терапевтическими методами являются <u>игло-</u><u>укалывание</u>, применение <u>пищевых добавок</u>, <u>гомеопатия</u> и тому подобное. Невероятно, но факт: в России гомеопатия признана официально только начиная с 1995 года. Для непосвященного термин «гомеопатия» наполнен всем чем угодно — от <u>мистики</u> до <u>хиромантии</u>. На самом деле гомеопатия — это относительно молодая ветвь медицины. Термин «гомеопатия» был впервые применен доктором Ханеманном в 1807 году. Словами Малой медицинской энциклопедии: «Гомеопатия — медицинская доктрина, утверждающая, что болезни можно лечить ничтожно малыми дозами тех веществ, которые в больших дозах вызывают симптомы, сходные с признаками данной болезни. Кроме принципа подобия — «подобное излечивается подобным» — и использования сверхмалых доз лекарственных веществ, основные методологические положения гомеопатии включают и подход к болезни как к индивидуальной реакции больного на повреждающий фактор, которая зависит от наследственно-конституциональных особенностей организма».

Можно ли полагаться на гомеопатию и гомеопатов? И да, и нет.

ДА, когда в случае инфекционных и вирусных болезней гомеопатия по-прежнему остается существенно безопаснее <u>аллопати-</u><u>ческой медицины</u> с ее арсеналом жаропонижающих средств, антибиотиков.

ДА, гомеопатия относительно безопасна до тех пор, пока она практикуется опытным, честным врачом с «классическим» образованием, который отлично знает ее пределы, особенно при острых заболеваниях, требующих немедленного хирургического вмешательства, таких, как аппендицит, камни в почках, кишечная непроходимость, или при заболеваниях, связанных с питательным или гормональным дефицитом.

НЕТ, в случае болезней и состояний, которые требуют оперативной стабилизации пациента (травма, аппендицит, язва, кровотечение, кома и т.п.).

НЕТ, в случае болезней, связанных в той или иной мере с питанием, таких, как сахарный диабет, подагра, гастрит и т.п.

НЕТ, в случае органических (необратимых) изменений в организме, связанных с возрастом, таких, как глаукома, катаракта, рак, простатит, артрит, остеопороз, пародонтоз и т.п.

НЕТ, потому что оригинальная клятва Гиппократа обязывала врача лечить бесплатно. К сожалению, платное лечение тоже имеет один существенный недостаток: чем больнее человек, тем больше прибыль.

(АиФ, Здоровье, № 25 от 21 июня 2001 г.)

② **Что это значит?**

— альтернативная медицина
— традиционная медицина
— иглоукалывание
— пищевые добавки
— гомеопатия
— мистика
— хиромантия
— аллопатическая медицина
— клятва Гиппократа

③ **Ответьте на вопросы по тексту**

▲ Чем альтернативная медицина отличается от традиционной?

▲ Какие заболевания лечатся гомеопатией, а какие нет?

④ **Ваше мнение**

• Альтернативная медицина — обман или в этом что-то есть?

• Гомеопатия, по-вашему, — безопасно или бесполезно?

• На ваш взгляд, что более эффективно: традиционная медицина или альтернативная?

• Что вы предпочитаете: обратиться к врачу или заниматься самолечением?

⑤ **Разные мнения**

Нездоровится — не теряйте время и деньги: отдохните, отоспитесь и отсидитесь дома. К счастью, человек сработан с биологическим резервом прочности на 110—120 лет. Чем меньше на вашем организме будут оттачивать свое искусство лекари разных направлений, тем безопаснее и здоровее!

Заболели — обратитесь к врачу, который может с минимальным риском облегчить ваше состояние.

Традиционная медицина, несмотря на всю мощь, не всегда может прийти на помощь действенно и эффективно. Да и человечество устало глотать горстями медикаменты.

Никогда не забывайте: здоровье — это образ жизни, лечение — безвыигрышная лотерея.

Конечно, гомеопатия! Лекарства в концентрации 1:100 000 или 1:100 000 000 не требуют рецепта и еще более безопасны, чем водопроводная вода из крана.

(АиФ, Здоровье, № 25 от 21 июня 2001 г.)

Настоятель православной церкви О. Троицкий. Включая гомеопатию в свою повседневную жизнь, нельзя относится к ней как к чему-то нам чуждому. Принимая это знание как дар Божий, мы, как ученики Христа, должны и тут служить во славу Божию, как и всей нашей жизнью. Если мы принимаем это знание с подозрением, что здесь что-то не чисто (в смысле самого метода), лучше нам вообще не принимать его. Использовать гомеопатию позволительно. Но всем ли это полезно? Решить это каждый должен сам (с Божией помощью, по совету духовника). Я не думаю, что сейчас время давать абсолютные рекомендации или запрещения этого метода, по крайней мере, пока.

(По материалам Интернета)

⑥ К вашему сведению

В последнее время в России традиционная китайская медицина признана как весьма эффективная система целительства. Традиционная китайская медицина основывается на тысячелетней и оправдавшей себя традиции.

Она предлагает:
— терапию с иглами и нагревом, акупунктуру и лечение Мокса;
— терапию природными веществами — лекарственную терапию;
— мануальную терапию — массаж руками Туина;
— расслабление и осознание собственного тела путем медативных дыхательных и двигательных упражнений — медицинский кигон;
— расслабление мышц — меридиональная гимнастика;
— лечение подходящими питательными средствами и соблюдение жизненного режима — китайское учение о питании.

Каждый может понять основы китайской медицины и изучить ее методы целительства. Тайна ее успеха заключается в том, что ее может применять не только врач или терапевт. Вы могли бы применять традиционную китайскую медицину, чтобы самому избавиться от легких повседневных недомоганий либо чтобы помочь врачебной терапии. С помощью искусства китайского целительства можно на длительное время укрепить свое здоровье, улучшить качество жизни.

(По материалам Интернета)

2. Информировать больного или нет?

① Прочитайте текст

Известно немало примеров того, как вовремя сообщенный человеку диагноз заставлял его менять свою жизнь, отдавать все силы борьбе с недугом, и болезнь отступала. Писатель Габриель Гарсия Маркес справлялся с раковым заболеванием дважды. Рок-гитарист Эдди Ван Хален сообщил своим поклонникам о раке языка еще до того, как лечение дало свои результаты, и музыкант выздоровел. Вовремя став союзниками врачей и не опустив руки, избавились от <u>рака</u> певица Лайма Вайкуле и писательница Дарья Донцова.

С момента принятия в 1993 году Основ законодательства РФ об охране здоровья граждан в России было утверждено понятие «информированное согласие». Другими словами, каждый из нас может требовать от лечащего врача подробного рассказа о своем заболевании, способах его лечения и прогнозе на будущее. Вместе с тем существует понятие «<u>врачебная тайна</u>», часть которой составляет «информация, содержащаяся в медицинских документах». Вот врачи нередко и трактуют врачебную тайну как необходимость скрывать от больного подробности его диагноза и лечения. Вроде бы гуманно, но зачастую это вводит в заблуждение пациента по поводу серьезности его недуга, а то и позволяет врачу скрыть вместе с диагнозом собственно <u>медицинские огрехи</u> в лечении. Более того, сокрытие истинного диагноза приводит к тому, что почти треть онкологических больных в России, поверив в сладкую ложь, успокаиваются и отказываются от <u>радикального лечения</u>.

Несмотря на закон, в России вопрос о том, говорить ли больному всю правду о его болезни, по-прежнему решают лечащие врачи. Либо совместно с психологами и этическими комитетами при клиниках, либо самостоятельно после того, как внимательно посмотрят пациенту в глаза.

(АиФ, выпуск 47 (1204) от 19 ноября 2003 г.)

② **Что это значит?**

— рак
— врачебная тайна
— медицинские огрехи
— радикальное лечение

③ **Ответьте на вопросы по тексту**

▲ Можно ли победить страшный диагноз?

▲ Имеет ли право больной знать, чем он болен?

▲ Есть ли отрицательный момент в сокрытии диагноза от больного?

④ **Ваше мнение**

- В чем вы видите плюсы / минусы сокрытия от больного диагноза его недуга?

- Кто должен решать вопрос: говорить ли больному правду о болезни?

- Зачем нужна «врачебная тайна»?

- Как должны вести себя люди, если их друг (родственник) смертельно болен?

⑤ **Разные мнения**

Андрей Борисов, журналист. Мы сами далеко не всегда готовы принять правду о себе. Уже хрестоматийным стал случай, произошедший в одной из московских клиник, когда сильный, уверенный в себе мужчина долго убеждал докторов сообщить ему реальный диагноз. Говорил, что станет их союзником в борьбе с болезнью. Когда ему сообщили, что у него опухоль толстой кишки, он выбросился из окна клиники.

В. Коренева. Каждый раз, когда в зарубежных сериалах показывают, как врачи откровенно говорят своим пациентам об их часто неизлечимых болезнях, испытываю настоящий шок.

(АиФ, № 47 от 19 ноября 2003 г.)

3. Курить или не курить?

① **Прочитайте текст**

В руках экспертов Всемирной организации здравоохранения оказались документы, касающиеся подковерной деятельности ряда табачных гигантов. В 1988 г. состоялся саммит «табачных королей», где была принята широкая программа действий, направленная на нейтрализацию деятельности ВОЗ по борьбе с курением. Программы включали в себя меры по дискредитации мероприятий, разрабатываемых Всемирной организацией здравоохранения, дабы снизить потребление табачной продукции.

Одно из направлений заговора «табачных королей» — рекламная кампания в странах «третьего мира». В Европе и США все больше и больше людей завязывают с вредной привычкой. Что ж, решили сигаретные магнаты, переключим внимание на развивающиеся страны, где заядлыми курильщиками являются 59 процентов мужчин и 9 процентов женщин. И эти показатели непрерывно растут. А ведь еще 30 лет назад в странах Азии и Африки практически невозможно было встретить курящую женщину. Эксперты табачных компаний хорошо прочувствовали ситуацию и сделали верные для себя выводы: нужно вести бизнес, учитывая меняющийся статус женщин в развивающихся странах. Отсюда и акценты рекламной стратегии: в печатной, теле- и радиопропаганде сигарету пытаются представить символом «освобождения», «независимости». В своих рекламах они идут на сознательный подлог: сигарета присутствует рядом с атлетически сложенной красавицей или спортсменкой, при взгляде на которую, например, не возникнет страха, что никотин может убить раньше времени.

(АиФ, № 45 (326) от 8 ноября 2000 г.)

② **Что это значит?**

— подковерная деятельность
— табачные гиганты
— саммит
— завязывать с вредной привычкой
— заядлый курильщик

③ **Ответьте на вопросы по тексту**

▲ В чем заключается конфликт между ВОЗ и табачными фабриками?

▲ Какой рынок для табачной продукции предпочтительнее (с точки зрения производителей)?

④ **Ваше мнение**

- Что вы думаете о курении?

- Ваше мнение по поводу запрещения курения в самолетах, на рабочем месте?

- Что вы думаете о продаже сигарет в автомате?

- Что вы думаете о рекламе сигарет? Увеличивает ли реклама табака его потребление?

- Есть ли необходимость в усилении ограничений, накладываемых на рекламу, продажу и курение табака? Нужно ли запретить курение?

- Каким образом можно препятствовать курению?

- Должно ли правительство выпускать законы, целью которых является защита граждан от вредных последствий их собственных решений, касающихся их стиля жизни?

- Действительно ли предостережения о вреде здоровью, сколько бы места они ни занимали на пачке, снижают потребление сигарет?

- Какие последствия может повлечь запрещение курить в общественных местах или даже полный запрет на курение?

- Ваш друг решил бросить курить. Какие рекомендации вы могли бы дать ему?

- Ваш друг не может отказаться от этой вредной привычки. Что бы вы ему посоветовали?

⑤ **Разные мнения**

Что курение вредно для здоровья — вполне доказанный факт. Я не курю, чего и другим желаю. В нашей экологической обстановке и так жить тяжело и чтоб самому себя еще добровольно гробить? Курящие люди, независимо от пола, вызывают одинаковое чувство — сочувствия их родным и близким. О будущих или текущих проблемах со здоровьем, о пассивном курении, о снижении обоняния, в конце концов (тоже вполне доказанный факт). Курение начинается с понтов, а заканчивается проблемами со здоровьем.

Ведь вроде бы в свободной стране живем, так пусть народ сам выбирает что, когда и где ему употреблять и употреблять ли вообще, и пусть это будет под контролем государства, ведь употреблять все равно не прекратят, а эти огромные деньги, которые может государство поиметь с легализации, можно пустить на ту же антирекламу, спорт и прочие занятия для молодежи. Я против всяких запретов, а за свободный выбор.

Чтобы иметь свободу выбора, надо иметь достоверную информацию о пользе / вреде. За нынешней «свободой выбора» курильщиков стоит пропаганда курения со всех мыслимых рекламных площадок и жалкие попытки учителей и родителей повлиять на подрастающее поколение. И это свобода выбора? Табачные компании имеют огромные деньги и возможность вести широкую рекламу, уж не говоря о лоббировании своих интересов на государственном уровне. Никакой свободы выбора тут нет. Особенно когда речь идет о детях и подростках. Для них реклама это показательный пример «увидел — купи», уж не говоря о примере взрослых. Если бы им с такой же интенсивностью в голову вдалбливали бы, что сосед дядя Петя умер от рака легких в 45 лет, перед этим проведя 10 лет по больницам с букетом болячек, по ночам кашляя кровью, так как начал курить в 15 по пачке в день. Это еще могло бы сойти за «свободу выбора».

(Красноярск, 29 августа 2002 г.)

О ПИТАНИИ

1. Вегетарианство

① **Прочитайте текст**

Хочешь быть здоровым — правильно питайся, хочешь сохранить красивую фигуру — тоже правильно питайся. А что означает это правильное питание? Конечно же, отказ от вредных продуктов. То есть от всего мучного, молочного и мясного. Зато овощи и фрукты можно и даже нужно есть в неограниченных количествах. Выходит, если хочешь быть вечно красивым, здоровым и молодым, надо стать <u>вегетарианцем</u>?

Существует три вида <u>вегетарианства</u>: строгое, лактовегетарианство (употребление кисломолочных продуктов) и лактоововегетарианство (употребление молока и яиц). Диетологи отрицательно относятся к строгому вегетарианству. При полном воздержании от животной пищи человек недополучает аминокислоты, полноценные животные белки. У вегетарианцев на этот счет свое мнение.

Сразу же после того как животное забивают, его туша начинает разлагаться и вскоре она приобретает отвратительный серо-зеленый цвет. На мясокомбинатах этот процесс предотвращают обработкой мяса нитритами, нитратами и другими веществами, которые сохраняют ярко-красный цвет продукта. Исследования показали, что многие из этих химических веществ обладают канцерогенными свойствами. Проблема осложняется тем, что в пищу скоту добавляют огромное количество химических веществ: транквилизаторов, гормонов, антибиотиков и еще около трех тысяч других препаратов. В «Журнале Американской ассоциации врачей» за 1961 год сказано: «Переход на вегетарианскую диету в 90—97% случаев предотвращает развитие сердечно-сосудистых заболеваний». В этом <u>диетологи</u> согласны с любителями растительной пищи, но только если речь идет о лактовегетарианстве или лактоововегетарианстве. Последнее годится для длительного пользования, поскольку молочные продукты и яйца обеспечивают организм всем необходимым, в том числе витамином В12, которого нет в овощах и фруктах, и кальцием — в чисто вегетарианской диете его слишком мало. Что же касается лактовегетарианства, то как профилактика оно действительно полезно, особенно пожилым людям с сердечно-сосудистыми заболеваниями. Правда, садиться на такую диету надо на непродолжительное время. Школьникам, студентам, работающей молодежи и беременным любые виды вегетарианства противопоказаны. Им необходимо питаться полноценно, но в умеренных количествах.

(Учительская газета, № 29 (9954) от 15 июля 2003 г.)

② **Что это значит?**

— вегетарианец

— вегетарианство

— диетолог

③ **Ответьте на вопросы по тексту**

▲ О каких видах вегетарианства идет речь в статье? В чем их различие?

▲ Почему вредно есть мясо?

▲ Почему студентам, беременным женщинам надо есть мясо?

④ **Ваше мнение**

• Какую пользу человечеству приносит вегетарианство?

• По каким причинам, на ваш взгляд, человек становится вегетарианцем?

- Как это связано с вопросами морали, охраны окружающей среды и здоровья?

- Откуда человеческий организм получает витамины?

- Какие положительные / отрицательные стороны строгого вегетарианства вы можете назвать?

- По-вашему, вегетарианство — это диета?

- Как, на ваш взгляд, нужно питаться, чтобы быть здоровым и красивым?

- Как можно остановить эксплуатацию биологических видов?

⑤ Разные мнения

Употребление в пищу мяса вовсе не означает жестокости по отношению к животным. Мы были созданы так, чтобы есть и мясо, и растительную пищу — исключение половины этого рациона неизбежно приведет к нарушению естественного баланса. Ключ к здоровью лежит в сбалансированном рационе, а не в отказе от мяса и рыбы. Мясо и рыба являются источниками протеинов, витаминов и минеральных веществ.

Выращивание овощей, зерновых и других культур требует использования нитратов, пестицидов и удобрений, которые наносят огромный вред окружающей среде.

Вегетарианство, или веганизм, значительно снижает риск заболеваний, связанных с употреблением некачественной пищи. Почти все потенциально летальные формы пищевого отравления передаются через некачественные мясо и птицу.

(АиФ, Здоровье, выпуск 33—34 (366—367) от 16 августа 2001 г.)

Употребление мяса приводит к постепенному превращению мужчин в женщин и женщин в мужчин. Мясо животных после любой термической обработки сохраняет половые гормоны того пола, к которому принадлежало это животное.

(Консерватор, № 34 от 30 мая 2003 г.)

2. Генетически измененные продукты

① **Прочитайте текст**

Голод, болезни, отсталость <u>стран третьего мира</u> приобретают черты общемировой катастрофы. За последние двадцать лет 1,5 миллиарда людей, существование которых находится за чертой бедности, стали жить еще хуже. Возможным решением проблемы голода может стать развитие генных технологий в производстве пищи. Наука знает, как сделать продукты более питательными, например: добавить в обычный рис белков или ввести в сою необходимые для ежедневного рациона человека микроэлементы. Новые возможности генной инженерии позволяют выявлять гены с искомыми характеристиками и внедрять их в другие <u>ДНК</u>. Генная инженерия позволяет улучшить качества любого биологического организма.

Первый случай трансгенной пересадки был зафиксирован в 1983 году. Но лишь в 1996 году на прилавках Великобритании появилась томатная паста, сделанная из <u>генетически модифицированных</u> помидоров. В США в последние годы наблюдается <u>бум</u> новых продуктов. Они не боятся вредителей, бактерий, созревают раза в три быстрее, чем обычно, долго хранятся, не теряя первоначальных качеств. Причем ученые научились доводить до кондиции не только растения, но и животных и рыб. И самое модное «<u>ноу-хау</u>» последних лет — введение в растительные культуры генов человека.

Неудивительно, что вопрос о генетически модифицированной пище вызывает бурные споры. Особенно в Европе, где многочисленные экологические и научные организации пытаются доказать, что такая еда в пищу непригодна. Когда ее изобрели, то считалось, что генные изменения в растениях влияют только на качества продукта, делая его быстрорастущим, питательным, универсальным. Однако не доказано, что генетически измененные продукты не влияют на человека. Проникая в пищу, они могут изменить генетику бактерий, живущих в человеческом организме, а те, в свою очередь, способны представить свету новые непредсказуемые болезни. В английской прессе генетической пище даже дали название «пища <u>Франкенштейна</u>», имея в виду таинственную опасность, которую таит изобретение.

(Новое время, № 30 от 29 июля 2001 г.)

② Что это значит?

— страны третьего мира
— ДНК
— генетически модифицированные (продукты)
— бум
— ноу-хау
— Франкенштейн

③ Ответьте на вопросы по тексту

▲ Что такое генетически измененные продукты?

▲ Чем отличаются генетически измененные продукты от обычных продуктов?

▲ Почему у генетически измененных продуктов имеются противники?

④ Ваше мнение

• Считаете ли вы, что трансгенные продукты могут быть опасны для здоровья людей?

• Как вы думаете, должны ли быть промаркированы генетически измененные продукты?

• Стали бы вы покупать продукты с маркировкой «содержит генетически модифицированные компоненты»?

• Какие, по вашему мнению, возможны последствия от употребления трансгенных продуктов?

• Какие экологические, моральные, медицинские вопросы связаны с генетически измененными продуктами питания?

• Как вам кажется, почему «Гринпис» выступает против трансгенных продуктов?

- Следует ли запретить генетически измененные продукты? Аргументируйте свою точку зрения.

- За какими продуктами будущее: выращенными с помощью или без помощи генетики?

- Кому, на ваш взгляд, может быть невыгодно увеличение производства трансгенных продуктов?

- Как, по-вашему, можно накормить всех нуждающихся?

⑤ Разные мнения

Людмила Лутова, доктор биологических наук, профессор кафедры генетики и селекции СПбГУ, заведующая лабораторией генной и клеточной инженерии растений. Я разделяю точку зрения о безвредности генетически модифицированных продуктов для здоровья человека. Вред от таких продуктов ничтожен по сравнению с тем, сколько благ это несет человечеству в плане получения высоких урожаев. Нельзя все трансгенные растения смешивать в одну кучу, потому что переносить гены можно самые разные. Например, чтобы получить самые устойчивые к транспортировке томаты, берется тот же самый растительный ген и переворачивается на 180 градусов. При этом с генетической информацией ничего не происходит. Другое дело, когда растение получает чужеродные гены, например — рыб. Сейчас с их помощью получают растения, устойчивые к холодам и заморозкам. Но человек с аллергией на рыбные продукты должен знать об этих трансгенах. Вот почему так важна соответствующая маркировка. Продукты, содержащие генетически измененные компоненты, мы уже едим почти десять лет. Бояться трансгенов не стоит, важно лишь грамотно с ними работать.

Герман Королев, кандидат биологических наук. До сих пор досконально не изучено влияние трансгенных растений на здоровье человека. Сейчас активно ведутся опыты на животных, и их результаты пока особенно не обнадеживают. Английский ученый Арпад Позстай проводил исследования на группе из 100 лабораторных крыс. Так вот, крысы, питавшиеся модифицированным картофелем, имели явные отклонения в развитии. Ученый опубликовал свою работу, и испуганные его данными британские парламентарии призвали к введению полного запрета на модифицированные продукты, а корпорации, вкладывающие деньги в развитие генной инженерии, сделали все для дискредитации ученого и в итоге добились своего — исследователь лишился рабочего места. Установить, является продукция генетически модифицированной или нет, довольно проблематично из-за нехватки специальных лабораторий и дороговизны анализов. Сегодня никто не может дать гарантии того, что генетически модифицированные ингредиенты не содержатся в импортируемых продуктах.

(АиФ, Петербург, выпуск 33 (470) от 14 августа 2002 г.)

Олег Монастырский, заведующий лабораторией токсикогенных микроорганизмов и биобезопасности НИИ биозащиты растений Россельхозакадемии. Трансгенные растения изменяют свой обычный обмен веществ и могут образовывать токсичные для человека вещества.

(АиФ, № 43, 2001 г.)

А.Я. Калинин, академик, генеральный директор Национального фонда защиты потребителей. Сейчас 90% экспорта трансгенных пищевых продуктов составляют кукуруза и соя. Что это значит применительно к России? То, что попкорн, которым повсеместно торгуют на улицах, стопроцентно изготовлен из генетически модифицированной кукурузы, и маркировки на ней до сих пор не было. Если вы закупаете соевые продукты из Северной Америки или Аргентины, то на 80% это генетически измененная продукция. Отразится ли массовое потребление таких продуктов на человеке через десятки лет, на следующем поколении? Пока нет железных аргументов ни «за», ни «против». Но наука не стоит на месте, и будущее — за генной инженерией. Если генетически измененная продукция повышает урожайность, решает проблему нехватки продовольствия, то почему бы и не применять ее? Но в любых экспериментах нужно соблюдать предельную осторожность. Генетически модифицированные продукты имеют право на существование. Абсурдно считать, что российские врачи и ученые разрешили бы к широкой продаже продукты, наносящие вред здоровью. Но и потребитель имеет право на выбор: покупать генетически модифицированные помидоры из Голландии или дождаться, пока на рынке появятся краснодарские, есть попкорн или варить початок кукурузы с полей Кубани.

(АиФ, Здоровье, выпуск 29 (466) от 17 июля 2003 г.)

Развитие биотехнологий открывает перед человечеством новые перспективы. Земледельцам в самое ближайшее время обещают несколько урожаев пшеницы в год, животноводам — корову, вкус мяса которой можно будет выбирать, птицеводам — курицу, несущую яйца без холестерола. Заглядывая дальше, ученые предсказывают, что мясо можно будет производить прямо «в пробирке», с ценником и в упаковке.

(Консерватор, № 2 от 6 сентября 2002 г.)

⑥ К вашему сведению

Ежегодно в рамках программы оказания продовольственной помощи на сумму в 100 миллионов долларов США Вашингтон направлял в Дели маис и сою для бедных слоев населения. Министр сельского хозяйства Индии Аджит Сингх пояснил, что, поскольку поставляемые обычные продукты могут быть смешаны с продуктами с измененной биотехнологической структурой, индийская сторона решила вообще отказаться от такой гуманитарной помощи. (Владимир Богданов, Российская газета)

Если учесть, что примерно 60% производимой в мире сои генноинженерная, а добавляется она, как и кукуруза, во множество полуфабрикатов, кулинарных, хлебобулочных и кондитерских изделий, то каждый из нас хоть чуточку, да отведал уже пресловутой «пищи Франкенштейна». (Валерия Свальнова, Огонёк, № 38, 2001, сентябрь)

3. Пиво

① **Прочитайте текст**

Не так давно в Государственную думу из <u>Минздрава</u> поступил документ, призывающий ввести возрастные ограничения на продажу пива, запретить рекламу пива, приравнять его к крепкоалкогольным напиткам и «усилить государственное регулирование производства пива». Откровенная враждебность данного документа просто поражает. Похоже, чиновников из Минздрава совершенно не волнует, что пиво является прекрасным профилактическим средством от многих заболеваний, лекарством от депрессий и стрессов. Мало того: пиво продлевает жизнь и повышает сопротивляемость организма болезням. Например, пиво предотвращает возникновение катаракты — помутнение хрусталика глаза. Такой эффект <u>медики</u> связывают с содержащимися в пиве антиоксидантами. Эти данные появились в ходе исследования, проведенного канадскими учеными. По расчетам авторов исследования, для предотвращения катаракты достаточно выпивать в день по одной кружке крепкого пива. Особенно для этих целей подходят <u>эль</u> и <u>портер</u>, так как в этих сортах пива самое высокое содержание антиоксидантов. Другое исследование, проведенное учеными из Пенсильвании (США), показало, что темное пиво помогает в борьбе с атеросклерозом — отложениями на стенках сосудов.

(АиФ, № 7 от 14 февраля 2001 г.)

② **Что это значит?**

— Минздрав
— медик
— эль
— портер

③ **Ответьте на вопросы по тексту**

▲ С каким предложением выступил Минздрав России?

▲ В чем заключается профилактическое действие пива?

④ **Ваше мнение**

- Считаете ли вы пиво «лекарством»?

- Как вы думаете, можно ли причислить пиво к алкогольным напиткам?

- Борьба с пивом — это проявление заботы о человеке?

- Что вы думаете о рекламе пива?

- Как можно повлиять на потребление пива населением?

- Существует ли проблема пивного алкоголизма?

⑤ **Разные мнения**

Юрий Лужков, мэр Москвы. Я нормально отношусь к пиву. Сам пью только безалкогольное, но не думаю, что с пивом надо устраивать борьбу. Известно, что в старые времена алкоголиков отучали от спиртного именно пивом, потому что оно не так оглушительно действует на организм, как другие алкогольные напитки. Можно говорить не о запрете пива, а о регулировании потребления. Может быть, выпускать больше легких сортов пива или ограничить его потребление подростками. Но зажимать пивоваренную промышленность никак нельзя.

Валерий Гергиев, художественный руководитель и директор Мариинского театра. За последние десять лет из того немногого, что успешно и, главное, честно развивалось в российской индустрии, я бы прежде всего назвал пивное производство. Нам, питерцам, наиболее близок пример «Балтики». Так стремительно выйти на мировой уровень! И вести дело честно в то время, когда вокруг действуют по принципу — как можно больше и скорее наворовать. И вдруг объявляют, что все беды России от пива... Я езжу по миру, знаком с выдающимися врачами и никогда не слышал, что от пива могут быть проблемы со здоровьем. Вот Америка, молодая, но такая богатая страна, которая заботится о здоровье нации, не бьет по пивному бизнесу. У нас, я уверен, борьба с пивом развернулась не ради заботы о человеке, тут преследуют совершенно другие интересы.

Даниил Гранин, писатель. Я за пиво! Мне в Австралии рассказали историю: когда решался вопрос, какое производство развивать — водочное, виски, вина или пива, — провели исследование. Выяснилось, что водка и виски рождают в человеке агрессивность. Вино разрушающе действует на печень. А пиво — наиболее «добродушный» напиток, располагающий к общению. Поэтому я бы на месте государства поощрял пивных производителей. Это наиболее эффективное средство борьбы с водочным алкоголизмом.

Михаил Боярский, артист театра и кино. Если говорить о рекламе, то пивная гораздо вкуснее сделана, чем любая другая. Влияет ли она отрицательно? Да, мы все зомбированы, но уверен, что от рекламы спиваться не начинают.

(АиФ, № 7 от 14 февраля 2001 г.)

Ирина Лачина, актриса. Пиво я пью крайне редко, потому что вообще к алкоголю отношусь достаточно прохладно. О пивном алкоголизме слышала, и не раз. Основная вина, думаю, лежит на пивной рекламе, которая позиционирует пиво как газировку, а не как вредный напиток. Центральная мысль таких роликов — «Пей пиво и будешь крутым, прикольным, популярным».

В. Мельников, врач-нарколог. Благодаря своему быстрому всасыванию в организм пиво вызывает даже более выраженное опьянение, чем водка. Особенно опасен этот напиток для молодого несформировавшегося организма: пиво «сажает» внутренние органы (сердце, почки, печень), стимулирует нарушение обмена веществ, а также вызывает проблемы в развитии репродуктивной системы.

(АиФ, № 20 от 20 мая 2004 г.)

4. Водка

① **Прочитайте текст**

Водка — русский бог. Русский бог празднует в 2003 году юбилей: ему 500 лет.

Пьянство изначально, еще в Киевской Руси, где пили в основном медовуху, считалось «веселием Руси». До конца XIX века водку не разливали в бутылки, ее мерили ведрами: в России для нее хронически не хватало тары.

В России водка дает и водка берет. На акцизы, выплаченные за ее производство только на бренде «Смирновъ», в начале XX века содержалась треть Российской армии. В России от алкогольного отравления умирают больше 30 000 человек в год.

Русский химик Дмитрий Менделеев опытным путем определил наиболее вкусовую и здоровую водочную пропорцию в 40 градусов (при крепости в 41 или 39 градусов резко ухудшается физиологическое воздействие водки на организм). Менделеев не только создал эталон русской водки, но и настоял на том, чтобы водку звали водкой. Русский физиолог Николай Волович определил полезную дозу водки, стимулирующую работу сердца и очищение крови: 50 граммов в день. Но началась Первая мировая война, и вся страна стала вынужденно трезвой, приняв «сухой закон». Официально «сухой закон» продержался во время революции 1917 года и Гражданской войны. «Сухой закон» отменил стремящийся к популярности среди населения Сталин в 1923 году. Когда началась война с Гитлером, каждый солдат получал ежедневно на фронте «наркомовские» сто грамм, учрежденные Министерством обороны.

Горбачев стал единственным правителем России за всю историю водки, который объявил ей войну на уничтожение. Горбачев крушил водочные заводы, закрывал винно-водочные магазины, придумывал водочные спецталоны на свадьбу и похороны, запрещал подавать спиртное на приемах в советских посольствах за границей и, наконец, даже прошелся бульдозерами по виноградникам Крыма, Грузии, Молдавии, Кубани и Ставрополья. По словам Горбачева, эта кампания привела к тому, что «жены наконец увидели своих мужей», возросла рождаемость и люди стали жить дольше. С другой стороны, люди бросились скупать сахар для производства самогона, возник страшный дефицит сахара, а кроме того, стали травиться всякой дрянью.

Государство до сегодняшнего дня шесть раз отменяло монополию (последний раз — Ельцин в 1992 году) и снова ее вводило (через год, в 1993 году, испугавшись активной криминализации водочной отрасли, Ельцин снова монополизировал водочный рынок).

В современном приличном обществе водке соответствует определенный водочный стол, водочный регламент, который в генах русского человека: со своими особенностями («после первой не закусывают»), суевериями, прибаутками («водка — вину тетка»), расписанием (пьяницы отличаются от алкоголиков тем, что пьют, начиная с пяти вечера), рыбными закусками, солеными огурчиками, маринованными грибками, холодцом, квашеной капустой. И тостами — которые закономерны для единовременного потребления напитка и концентрации на общем разговоре.

Однако в истории водки есть «темный угол насилия». Петр I и Сталин заставляли гостей пить через силу. Водка способна порождать не только кураж, но и мучительное чувство раскаяния, самоуничижения, что тоже вписывается в образ русского характера. Отсюда главный вопрос, который задает русский алкоголик своему собутыльнику: «Ты меня уважаешь?»

Возможно, что российский водочный ритуал представляет собой странное для постороннего взгляда обнажение души, доходящее как до высот самопознания, так и до порнографии. Водка ставит под сомнение человеческие условности, позитивные ценности и в конечном счете апеллирует к полной свободе от истории, личной ответственности, здоровья и, наконец, самой жизни.

(Огонёк, № 1 (4780—81), январь 2003 г.)

② **Что это значит?**

— медовуха
— акцизы
— бренд
— «сухой закон»
— «наркомовские» сто грамм
— спецталоны
— самогон
— дефицит
— криминализация
— собутыльник

③ **Ответьте на вопросы по тексту**

▲ В чем положительная сторона водки?

▲ В чем отрицательная сторона водки?

▲ Почему боролись с водкой?

▲ Какую роль в жизни русского человека играет водка?

④ **Ваше мнение**

• Необходимо ли ограничение или даже полное запрещение продажи и употребления алкоголя?

• Нужна ли монополия государства на алкоголь? К чему может привести отмена монополии государства на алкогольную продукцию?

• Общества трезвости. Что вы о них думаете?

• Существует ли национальная зависимость от той или иной алкогольной продукции?

⑤ **Разные мнения**

Александр III, государь-император. Жаль мне русский народ, который так пропивается!

Андрей Андреевич Громыко (начало 1970-х годов, министр иностранных дел СССР): Леонид Ильич, надо что-то делать с водкой. Народ спивается.
Леонид Ильич Брежнев: Андрей, русским людям без этого никак.

М.С. Горбачев: Статистика была устрашающей. Травмы на производстве, падение производительности труда, сокращение продолжительности жизни, аварии на транспорте. В 1972 году вопрос обсуждали на политбюро, но отложили. Решить его было невозможно, поскольку сам государственный бюджет был «пьяным» — напрямую зависел от продажи водки.

Анекдот: Стоит длинная очередь за водкой. Один мужик не выдерживает: «Пойду в Кремль, убью Горбачева». Через час возвращается. Очередь все еще стоит, соседи по очереди спрашивают: «Убил?» — «Какое убил! Там еще больше очередь!»

Владимир Нужный, профессор-нарколог. «Наркомовские» 100 грамм стали несчастьем всего послевоенного поколения. Увеличилась зависимость от водки, что вылилось уже в 1960-е годы в новый виток пьянства.

Евгений Попов, писатель: Водка помогла народу снять стресс от подлой жизни в далеком от совершенства государстве. Под воздействием водки, особенно с бодуна, хорошо придумываются литературные сюжеты.

⑥ К вашему сведению

45% от общего объема потребления напитков в России приходится на водку, тогда как в США это всего 19%, в Германии 13,6%, Великобритании 24%. Лишь 2% опрошенных россиян сказали, что не пили вина и водки, а 21% назвали водку символом России XX века.

(Огонёк, № 1, январь 2003 г.)

О ПРОБЛЕМАХ СЕМЬИ

1. Родители и дети

① **Прочитайте текст**

Афоризмы о родителях

Мать и отец, папа и мама — это первые два авторитета, на которых для ребенка зиждется мир, зиждется вера в жизнь, в человека, во все честное, доброе и святое. (*Г. Медынский*)

Первая проблема родителей — научить детей, как себя вести в приличном обществе; вторая — найти это приличное общество. (*Р. Орбен*)

Лишившись по какой-то причине своего превосходства над детьми, мы по той же причине уже не можем обрести его вновь. (*Ж. Лабрюйер*)

Дети видят в родителях прошедшее, родители же видят в детях будущее; и если мы у родителей встречаем всегда больше любви к своим детям, нежели у детей к родителям, то это грустно, но вместе с тем и естественно. Кто же не любит больше свои надежды, нежели свои воспоминания? (*И. Этвеш*)

Родители меньше всего прощают своим детям те пороки, которые они сами им привили. (*Ф. Шиллер*)

② **Что это значит?**

— приличное общество
— пороки

③ Ответьте на вопрос по тексту

▲ Каковы взаимоотношения родителей и детей?

④ Ваше мнение

- В чем вы видите авторитет родителей?
- Должны ли родители иметь превосходство над детьми?
- Что такое хорошие родители?
- Могут ли родители быть плохими?
- Когда, по-вашему, человек перестает нуждаться в родительской опеке?
- Что, по-вашему, учит ребенка: критика, примеры для подражания или что-то еще?
- В чем, на ваш взгляд, трудность быть родителями?
- Какие проблемы возникают между родителями и детьми?
- Как родители могут подготовить ребенка к жизни в обществе?

⑤ Разные мнения

СМОГ БЫ ТЫ ПРОЖИТЬ БЕЗ РОДИТЕЛЕЙ?

Ираклий, 11 лет: «Когда вырасту, точно смогу, а сейчас нет, они меня только учат жить самостоятельно».

Женя, 12 лет: «Не, не смогу, наверное, я к ним уже привык как-то...»

Лиза, 7 лет: «Я без бабушки не могу жить. Она меня из школы встречает. А без нее я бы так в школе и осталась жить, потому что я дорогу не знаю».

Карен, 10 лет: «Конечно, смог бы. Я даже яичницу сам умею готовить».

Саша, 7 лет: «Родители для меня — это все. А если у меня ничего не будет, как же я стану жить?»

Наташа, 12 лет: «Мне бы было очень страшно. Я трусиха, а с родителями ничего не боюсь».

(Огонёк, № 4, январь 2002 г.)

2. Старость — это счастье

① **Прочитайте текст**

Почему-то тема старости у многих <u>вызывает грустные мысли</u>. Пожилых и старых людей молодежь воспринимает исключительно как несчастных, относится к ним с сочувствием.

Кто из нас в детстве не мечтал дожить до ста лет? Конечно, сто лет — это был только минимум, мы хотели жить намного дольше. Длинная жизнь... Старики — те избранные, которым удалось прожить длинную жизнь! Надо наслаждаться и благодарить судьбу! Старость — это не горе, это счастье. Горе — умереть в двадцать лет. Не надо бояться старости, надо пытаться ее достичь, мечтать о ней, любить себя в образе старика! Если <u>от старости</u> все время «<u>открещиваться</u>», относиться к ней со страхом и отвращением, то можно создать себе разрушительную жизненную программу и действительно умереть молодым. Старость — цель нашей жизни, показатель ее благополучия. Недаром же в сказках говорят: «Они жили счастливо и дожили до глубокой старости». Кроме того, дети всегда ориентируются на возраст, до которого дожили их родители, а значит, стараясь прожить как можно дольше, старики тем самым морально помогают своим детям, создают им веру в возможность длинной жизни.

(АиФ, Долгожитель, выпуск 6 (6) от 19 сентября 2002 г.)

② **Что это значит?**

— вызывать грустные мысли
— открещиваться от старости

③ **Ответьте на вопросы по тексту**

▲ Как люди относятся к старости?

▲ Как следует относиться к старости и почему?

④ **Ваше мнение**

• На ваш взгляд, что такое старость?

• Когда, по-вашему, наступает старость?

• Как нужно относиться к старости?

• Чем, на ваш взгляд, привлекательна старость?

• Что побуждает вас к долгой жизни?

• Какой старости вы бы себе пожелали?

• Как нужно жить, чтобы дожить до глубокой старости?

• Какого отношения к себе заслуживают старики?

• Как вы понимаете фразу Оскара Уайльда: «Трагедия старости в том, что ее нст»?

⑤ **Разные мнения**

Барбара Брыльска, польская актриса. Работая над спектаклем, я впервые начала думать о старости. А о старости думать не надо — она придет сама. Потому что старость — это ужас!

(АиФ, выпуск 43 (1200) от 22 октября 2003 г.)

Фаина Раневская, актриса. Старость — это просто свинство. Я считаю, что это невежество Бога, когда он позволяет доживать до старости. Страшно, когда тебе внутри восемнадцать, когда восхищаешься прекрасной музыкой, стихами, живописью, а тебе уже пора, ты ничего не успела, а только начинаешь жить!

(АиФ, Долгожитель, выпуск 6 (18) от 20 марта 2003 г.)

Патрик Суэйзи, актер. Людей пугает надвигающаяся старость. Я не чувствую своего возраста и даже не задумываюсь о нем. Просто занимаюсь карьерой и живу полноценной жизнью. Если убиваться по поводу каждого дня рождения, лучше вообще не жить. У каждого возраста есть свои прелести. Например, в старости вы можете общаться со своими симпатичными внуками.

(АиФ, выпуск 16 (1121) от 17 апреля 2002 г.)

Евгений Евтушенко, поэт. Мой дядя Андрей, великий сибирский шофер, сказал мне однажды: «До сорока мы все едем на ярмарку, а после сорока — с ярмарки». Сам он был в то время чуть за пятьдесят. Я его спросил: «Ну а ты как себя чувствуешь?» Он усмехнулся: «А так, что одна моя нога еще на ярмарку торопится, а другая — с ярмарки возвращается». Я допытывался: «Ну и результат?» Он пожал плечами: «А такой результат, что боль в известном месте». А я вот думаю, что ярмарка не где-то, куда мы едем, а внутри нас. От нас зависит, что выбрать: собственные похороны при жизни или собственные дни рождения — каждый день в году. Я понял застенчивую тайну старости. Она в том, что «нет лет».

(АиФ, выпуск 25 от 18 июня 1998 г.)

3. Количество детей в семье

① **Прочитайте текст**

В последнее время о рождении и воспитании детей почему-то принято говорить так, словно это сплошные проблемы, трудности и неприятности. А уж <u>многодетные семьи</u> вообще исчезли с экранов телевизоров, со страниц журналов и газет. Между тем отцы и матери больших семейств по-прежнему существуют. И, представьте себе, не только не <u>ропщут на судьбу</u>, но и считают многодетность огромным счастьем. Сегодня своим счастьем с читателями «Семейного совета» делится отец двенадцати детей, московский священник отец Александр (Ильяшенко).

— *Вам приходилось сталкиваться с враждебностью в адрес своей большой семьи? Или такое отношение миф, который люди поддерживают для оправдания своего собственного отказа иметь много детей?*

— Я думаю, это в значительной степени миф, причем в основном поддерживаемый средствами массовой информации, которые пытаются нам внушить, что иметь много детей значит <u>плодить нищету</u>. По крайней мере, я ни разу не слышал резких высказываний. А жена столкнулась с этим всего один раз: она гуляла с ребятишками, и женщина, выгуливавшая рядом собачку, начала ворчать, что, дескать, нарожали детей, и теперь ей с собачкой гулять негде.

— *Некоторые ученые пытаются доказать, что в многодетных семьях постепенно происходит интеллектуальное вырождение: младшие дети гораздо глупее старших.*

— Исторические примеры говорят об обратном. Дмитрий Менделеев был одиннадцатым в своей семье, князь Даниил Московский, благодаря которому Москва стала таким важным центром, был четвертым из сыновей, Бетховен был седьмым ребенком... Дети учатся через подражание. Причем психологически им гораздо легче подражать не взрослым, а ребятам постарше. Поэтому в многодетных семьях младшие обычно быстрее приобретают бытовые навыки, навыки общения.

— *Во многих современных семьях, где один-два ребенка, у детей складываются конкурентные отношения. Очень часто родители жалуются на детскую ревность. А в многодетной семье, наверное, соперничества еще больше?*

— Когда в семье один-два ребенка, быстро происходит эмоциональное насыщение. Родителям все время приходится что-то изобретать, а они устали, у них полно других дел. Возникают раздражение, конфликты. А когда родители пытаются отгородиться от детей, те обычно становятся повышенно требовательными, ревнивыми. В большой семье дети постоянно учатся общаться: сначала с братьями и сестрами, затем, когда у старших появляются свои дети, — с племянниками.

— *Некоторые читатели, наверное, подумают: «А как прокормить такую <u>ораву</u>? Государство ведь не помогает...»*

Во-первых, помогает, и очень даже ощутимо. Деньги, выделяемые на многодетных, не такие уж маленькие — примерно зарплата. Кроме того, дети могут бесплатно ездить в транспорте, это огромное <u>подспорье</u>, особенно в условиях большого города. Льготы в оплате квартиры тоже значительные. Во-вторых, помогают, конечно, окружающие люди. Ну, и потом, когда старшие дети подрастают, они тоже начинают зарабатывать. Нельзя сказать, чтобы большая семья жила очень богато, чтобы она имела большие возможности, но и <u>кров</u>, и еда, и одежда — все это есть. А главное, есть счастье, которое не купишь ни за какие деньги.

(АиФ, Семейный совет, выпуск 24 (145) от 22 декабря 2000 г.)

② Что это значит?

— многодетная семья
— роптать на судьбу
— плодить нищету
— орава
— подспорье
— кров

③ Ответьте на вопросы по тексту

▲ Что хотел узнать журналист у многодетного отца?

▲ В чем счастье многодетной семьи?

▲ Каким образом происходит воспитание детей в многодетных семьях?

④ Ваше мнение

• Если многодетные семьи счастливы, то семьи с одним-двумя детьми — несчастливые?

• Дети, выросшие без братьев и сестер, — эгоисты?

• Что вы думаете о попытке некоторых ученых доказать, что в многодетных семьях постепенно происходит интеллектуальная деградация?

- Что вы думаете о государственной финансовой поддержке многодетных семей?

- Что бы вы предпочли: быть единственным ребенком или расти в многодетной семье?

- Можете ли вы назвать минусы многодетной семьи?

- В Воронеже в семье Шишковых родился двадцатый ребенок. Реакция у россиян была неоднозначная: кто-то обзывал их примитивными гедонистами, думающими только о себе, кто-то быдлом, желающим непрерывно плодиться. Кто-то сетовал на отсутствие контрацепции в провинции. Кто-то предлагал Шишковым стерилизацию. Что вы думаете об этом?

(Консерватор, № 30 от 18 апреля 2003 г.)

- Сколько детей должно быть в семье?

⑤ Разные мнения

Татьяна Шишова, психолог. У единственного ребенка в семье гораздо больше шансов вырасти эгоистом, а такие люди повышенно ревнивы. Единственным детям труднее приходится в коллективе, дети же из многодетных семей очень рано получают навыки общения. Причем общение с детьми другого возраста дает им дополнительные преимущества: опекая младших, они учатся самостоятельности, обретают уверенность в своих силах. А имея рядом старшего брата или сестру, малыш чувствует себя более защищенным. Подражая старшим братьям и сестрам, малыши гораздо быстрее обучаются и развиваются. Многие многодетные матери рассказывают, что они учили чтению и счету только первенцев. Дальше же дети учились по эстафете — от старших к младшим. Воспитывая единственного ребенка, трудно удержаться от излишней опеки, а это очень вредно, особенно для мальчиков. Часто они вырастают несамостоятельными, зависимыми, не способными на смелые, решительные поступки.

(АиФ, Семейный совет, выпуск 5 (150) от 15 марта 2001 г.)

Пушкин и Толстой выросли в многодетных семьях; но вот Лермонтов и Блок росли единственными, и эта единственность предопределила как их вечное одиночество, так и сентиментальность, нежность, уязвимость... Я попросту не убежден, что в многодетной семье можно уделить ребенку максимум любви. Родительской, подчеркиваю, а не братской. Боюсь, что многодетная семья похожа скорее на школу-коммуну, на пионерский лагерь... и не думаю, что донашивание вещей за старшими братьями способствует душевной теплоте и самоуважению. Я все-таки за индивидуалистов. И за личное пространство каждого, а в доме, хотя бы и большом, который делит семья из двадцати двух человек, такого пространства на каждого не напасешься.

(Консерватор, № 30 от 18 апреля 2003 г.)

4. Суррогатная мама

① Прочитайте текст

Инне 25 лет, муж — ее ровесник. У них подрастают дочка и сын. Инна по образованию экономист, муж — рабочий на государственном предприятии с мизерным и весьма нерегулярно выплачиваемым окладом. Супруг вполне нормально отнесся к идее жены выносить ребенка за деньги, но оговорил и себе небольшую приплату — за неудобства, которые ему придется терпеть (например, в сексуальном плане). В Петербургский центр ЭКО[6] Инна пришла по объявлению и считает, что нет абсолютно ничего дурного в том, что она хочет безбедно прожить несколько лет на то, что заработает, выносив чужого ребенка. Желание оставить ребенка себе у нее появится вряд ли: живет семья в крайне <u>стесненных жилищных условиях</u>. К тому же ребенок будет похож на генетических родителей.

Тридцатидвухлетняя *Антонина*, мать двоих сыновей, решила поработать «инкубатором», как она утверждает, с благословения

---

[6] Центр ЭКО — центр экстракорпорального оплодотворения.

своего <u>духовника</u>. «Этим, говорит она, — <u>заглажу грех</u>: я сделала несколько абортов. Теперь <u>искуплю вину</u> перед теми, кого рожать не пожелала».

Тридцатилетняя *Нина* <u>в разводе</u> с мужем, сыну девять, бабушек-дедушек нет, жить трудно. Так почему бы не попытаться за довольно короткий срок и более чем ответственную работу получить хорошие деньги? Какую сумму? Нина считает, что человек не может стоить дешевле хорошего автомобиля или квартиры.

(Огонёк, № 13, март 1998 г.)

② Что это значит?

- — суррогатная мама
- — стесненные жилищные условия
- — духовник
- — загладить грех
- — искупить вину
- — быть в разводе (с кем?)

③ Ответьте на вопросы по тексту

▲ Что заставило женщин стать суррогатной матерью?

▲ Как вы оцениваете аргументы, которыми руководствуются эти женщины?

▲ Как вы оцениваете действия мужа Инны?

▲ Верите ли вы оправдательным аргументам Антонины?

④ Ваше мнение

- Как вы оцениваете решение женщин стать суррогатной матерью?

- Сколько должны стоить услуги вынашивания чужого ребенка?

- Могли бы вы стать суррогатной мамой при условии хорошей оплаты?

- Если бы у вашей подруги (сестры, жены) возникла идея поработать «инкубатором», как бы вы на это отреагировали?

- У кого больше прав на ребенка: у суррогатной мамы или у генетических родителей?

- Кто несет большую ответственность в случае рождения ребенка-инвалида?

- Нравственно ли «покупать» малыша?

⑤ Разные мнения

Преуспевающий бизнесмен обратился в центр репродукции и попросил «сделать» ему ребенка, для которого он будет и папой, и мамой. «С меня довольно браков и жен. За каждую встречу с детьми я вынужден платить бывшим женам приличные деньги. Но самое печальное — теперь и дети требуют денег за встречи. Мне больно, что я для них только «кошелек». Я хочу ребенка, который будет только моим и которого ни одна женщина у меня не отнимет».

Я не хочу видеть свою жену беременной, располневшей, кормящей грудью. Я ее сразу разлюблю. Я согласен заплатить суррогатной матери, которая выносит для нас ребенка.

Моя жена — бизнес-леди. Я не могу допустить, чтобы супруга не работала. Беременность, роды, да вдруг с осложнениями. В нашей семье деньги жена зарабатывает. Год ее «простоя» — это для нас почти банкротство.

Мне 45 лет. Недавно в автокатастрофе погиб наш единственный сын. Я уже сама родить не смогу: перенесла тяжелую операцию. Поэтому нам с мужем очень бы помогла суррогатная мама. Мы бы снова стали семьей.

⑥ К вашему сведению

Семейный кодекс РФ 1995, раздел IV, глава 10.

Ст. 51, п. 4, ч. 2-я гласит: «Лица, состоящие в браке между собой и давшие свое согласие в письменной форме на имплантацию эмбриона другой женщине в целях его вынашивания, могут быть записаны родителями ребенка только с согласия женщины, родившей ребенка (суррогатной матери)».

Ст. 52, п. 3, ч. 2-я: «Супруги, давшие согласие на имплантацию эмбриона другой женщине, а также суррогатная мать не вправе при оспаривании материнства и отцовства, после совершения записи родителей в книге записей рождений, ссылаться на эти обстоятельства».

Гонорары:
донора спермы от $400−900 за месячный цикл,
донора яйцеклеток от $2500−3500 за одну донацию,
суррогатной матери от $18 000−22 000.

5. Кризис семьи

① **Прочитайте текст**

В Европе <u>внебрачная рождаемость</u>, похоже, скоро станет нормой жизни. В Великобритании она составляет около 31 процента, во Франции — 32 процента, в Норвегии — 43 процента, в Дании — 47 процентов, в Швеции — 50 процентов. Происходит кризис традиционной семьи, основанной на двух отживающих принципах. Эти принципы — власть родителей над детьми и власть мужчины над женщиной. Что касается родителей и детей, то тут несколько проще, эти отношения быстрее перестраиваются. Дети стали более эмансипированы от родителей, это очевидно. А вот отношения между мужчиной и женщиной перестраиваются очень сложно. Есть такая идея, что <u>отношения между полами</u> могут быть партнерскими, а не властными. Но процесс перехода к таким отношениям затянулся, и непонятно, как он будет разрешаться.

Идея брака на всю жизнь уходит из сознания людей. Человек считает, что он имеет право проживать несколько жизней, несколько сценариев. Это называется последовательной <u>полигамией</u> — пять-шесть браков, в одном один опыт, в другом другой. Мы выходим на западный тип брачности, когда браки заключаются в более позднем возрасте и мужчинами и женщинами. Мы переходим от модели советского брака, когда ранняя брачность поощрялась, когда жили с родителями, когда надо было узаконить сексуальные отношения, потому что «так» неприлично. То есть меняется сам имидж брака.

(Огонёк, № 45 (4773), ноябрь 2002 г.)

② Что это значит?

— внебрачная рождаемость
— отношения между полами
— полигамия

③ Ответьте на вопросы по тексту

▲ В чем проявляется кризис традиционной семьи?

▲ С какими причинами связывается изменение имиджа брака?

④ Ваше мнение

• Как на ваш взгляд, есть ли кризис семьи? В чем он проявляется?

• Какие положительные и отрицательные стороны брака вы можете назвать?

• Ваше мнение по поводу гражданского брака.

• Отмечается рост одиночек во многих странах. Как по-вашему, с чем это связано?

• Зарубежные исследователи считают, что правительства многих стран с высоким уровнем жизни сами способствуют популярности гражданских браков, обеспечивая щедрыми социальными льготами матерей-одиночек. В итоге многие женщины не стремятся официально регистрировать отношения, безбедно живут, воспитывают ребенка да еще и партнера содержат на эти деньги. А что вы об этом думаете?

- Есть мнение, что незарегистрированный брак — прерогатива среднего класса. Что вы об этом думаете?

- Кто, по-вашему, является приверженцем гражданского брака?

- Как относится церковь к сожительству?

- Сколько, на ваш взгляд, должно быть браков у одного человека? Выскажите вашу точку зрения по поводу полигамии.

- Психологи говорят, что многим не нужен брак. На смену браку идут какие-то совсем другие формы отношений. А вы как считаете? О каких новых формах отношений между полами может идти речь?

⑤ Разные мнения

Анатолий Вишневский, академик РАЕН, руководитель Центра демографии и экологии человека. Я уверен, что традиционный брак больше не может служить идеалом и будущее именно за незарегистрированными отношениями. Что-то в традиционном браке не так, если людей он не устраивает. Думаю, свободные отношения станут семейной нормой XXI века. Ведь общество все больше стремится к абсолютной независимости человека, вмешательство государства в личную жизнь все уменьшается. Люди ищут новые, более комфортные формы отношений. Мужчины не торопятся связывать себя семейными узами. Женщины, в свою очередь, стали умнее, образованнее и требовательнее; они могут позволить себе жизнь без постоянного «кормильца».

Евгения Сазонова, ведущий сотрудник адвокатской конторы «Андрей Студенецкий и партнеры». Отсутствие формальных процедур заключения и расторжения брака может быть как плюсом (не понравилось — разошлись), так и минусом (не семья же разрушается!). Большой минус в том, что имущество, приобретенное в гражданском браке, не является совместно нажитым. Наш закон выгоден для того «супруга», который имущество зарегистрировал на свое имя, но другой, который также зарабатывал или вел домашнее хозяйство, в случае «развода» останется ни с чем. Особенно это касается женщин, которые, родив ребенка, несколько лет занимались его воспитанием, обеспечивая своему партнеру «тыл». Но в случае разрыва, как правило, не получают ничего. К ребенку, рожденному в сожительстве, применяется признание отцовства по заявлению обоих родителей. Это несколько хлопотное дело. Но в противном случае отцу придется усыновлять собственных детей. Иначе — случись что с матерью — фактическому отцу государство ребенка не отдаст, малыш может оказаться в детдоме. Каждый решает сам, в каком браке жить. Но я, формалист, считаю, что неофициальные семейные отношения — это огромный юридический риск.

Екатерина Михайлова, кандидат психологических наук, сотрудник Института групповой и семейной психологии и психотерапии. Кто прежде всего вступает в гражданские браки? Чаще это или люди совсем молодые, или занятые карьерой (оба, что существенно), или (и) сильно «обжегшиеся» в прошлом. Есть еще два важных фактора: несчастливые родители и нелюбовь к официальным процедурам вообще, чувство протеста против вмешательства в «наши личные дела» государства или церкви. А вот дети дружных пар чаще других вообще не имеют твердых взглядов на этот «роковой» вопрос.

Найк Борзов, музыкант. Я считаю, что гражданский брак — это идеальная форма существования мужчины и женщины. Гораздо комфортнее осознавать, что ты свободный человек, чем быть связанным какими-либо узами и обязательствами. Думаю, в будущем люди вообще не будут заморачиваться на тему официального оформления отношений, это же, по сути, кабала! Но есть и приятные исключения, конечно. Вот я, например, четыре года прожил со своей девушкой в гражданском браке, а потом мы поженились — нам показалось, что это будет весело. Решение наше было совместным, мы отлично провели время на свадьбе.

Андрей Кураев, дьякон. Во многих странах священнослужитель имеет юридические права освидетельствовать брачный союз. Но в России церковный брак, увы, лишен гражданской юридической силы, поэтому венчание совершается, как правило, над супругами, зарегистрировавшими предварительно свои отношения в загсе. Но если священник хорошо знает своих прихожан, то он может обвенчать их прежде государственной регистрации. Сожительство же без государственной регистрации и без церковного венчания — это не взаимное служение, а взаимное использование. Отказом от регистрации и венчания люди говорят, что они не хотят ничем жертвовать, не хотят ничего всерьез обещать.

Полина Дашкова, писательница. Я думаю, что именно сейчас, в эпоху тотального одиночества, институт брака переживает свое возрождение. Люди учатся дорожить семейными ценностями. А официальный брак или гражданский — это, по сути, совершенно не важно. Мы с мужем оформили свои отношения двадцать три года назад, только чтобы никого не шокировать своим «незаконным сожительством». Впрочем, руководствовались мы и другой, не менее важной причиной: тогда жениху и невесте в загсе выдавался талон для посещения «Салона новобрачных», и они могли без очереди «достать дефицит». Вот так в обмен на штамп в паспорте мы получили кастрюльки и постельное белье.

(Огонёк, № 16 (4843), апрель 2004 г.)

6. Мама из 7 «Б»

① Прочитайте текст

Вполне возможно, что скоро в Москве <u>возрастной ценз</u> для вступающих в брак «по медицинским показаниям», иными словами, в случае беременности девушки, будет снижен с 16 лет до 14. Во всяком случае, проект соответствующего закона депутаты <u>Мосгордумы</u> уже обсудили и одобрили.

② Что это значит?

— возрастной ценз
— Мосгордума

③ Ответьте на вопрос по тексту

▲ Какие изменения в законодательстве Москвы могут быть сделаны в будущем?

④ Ваше мнение

- Должны ли существовать возрастные ограничения для вступающих в брак?

- С чем, по-вашему, может быть связано снижение возрастного ценза для вступающих в брак?

- Что вы думаете о молодых мамах?

- Кто ответствен за малыша молодой мамы?

- Как вы относитесь к тому, что 14-летним девочкам будет разрешено выходить замуж?

- Что вы думаете об институте брака?

⑤ Разные мнения

Ольга Фролова, профессор, руководитель отделения медико-социальных исследований научного центра акушерства и гинекологии РАМН. Того, что у 14−15-летних подростков есть сексуальная потребность, — не замечать нельзя. Раз так — надо по-иному относиться к этому вопросу. Девушки, которые хотят прервать беременность, как правило, обращаются к докторам за помощью очень поздно. Многие долго не подозревают о том, что носят в чреве малыша. Аборт при больших сроках крайне нежелателен. Ранние роды тоже, конечно, не самый лучший вариант. Хотя в Челябинске один ученый защитил диссертацию, в которой утверждает, что если к молодой маме в семье относятся с теплотой, вниманием, а врачи оказывают квалифицированную медицинскую помощь, роды даже в столь юном возрасте могут закончиться благополучно. Мое личное мнение: лучше, если в графе «отец» у ребенка будет стоять имя папы, чем прочерк. И не важно, сколько папе лет. А если законодателей всерьез интересует эта ситуация, то хочу подсказать им: в России стоит выбрать западный путь, где подростков настраивают на воздержание до того момента, пока они не будут социально готовы отвечать за «плоды любви». В 14—15 лет секс, конечно, притягателен, но не является физиологической необходимостью.

Светлана Березина, директор школы № 124 г. Москвы, заслуженный учитель России. В принципе я не противница ранних браков. Считаю, что право стать мужем и женой в 14 лет можно дать, но не надо это афишировать. Молодежь ведь многое понимает буквально... И еще, на мой взгляд, в законе надо прописать, что ответственность за это ложится не только на супругов, но и на их родителей — бабушек и дедушек ребенка. Четырнадцатилетних мам на моей памяти не было, а чуть постарше — бывали. Я работаю в школе 46 лет и уверена: не надо мешать людям жить. Особенно — молодежи.

Алиса Мон, композитор. По всей вероятности, законодатели в этом вопросе стали ориентироваться на «предания старины глубокой», когда наших прабабушек отдавали в жены в нежном возрасте. Хотя и сейчас в трех субъектах России — Башкирии, Новгородской и Орловской областях — возрастные ограничения на заключение брака вообще отсутствуют. Как бы то ни было, но есть повод задуматься и о половом, и о психологическом созревания 14-летней девушки, готовой к выполнению супружеских обязанностей. Не уверена, что среди законодателей выработалось единодушное мнение: разрешить или запретить юным россиянам, только-только получившим паспорт, скоропалительные браки. Лучше было бы, если общество, семья занялись нравственным воспитанием молодого поколения. В конце концов, замужество не напасть, как бы после не пропасть.

Юлиан, заслуженный артист России. Паниковать не стоит: ведь прими Дума этот закон, не думаю, что назавтра в загсах выстроятся очереди подростков, желающих закрепить в браке интимные отношения со своими столь же юными подружками. К этому не принудят даже «особые обстоятельства», к которым относятся беременность и рождение ребенка. Конечно, детям, оказавшимся в затруднительной ситуации, надо помогать, но как-то иначе, чем нынешнее предложение уважаемых депутатов.

Владимир Соловьев, известный теле- и радиоведущий, отец пятерых детей. Отношусь к этому спокойно. Несмотря на то что, по моему мнению, институт брака сегодня себя дискредитировал, если уж девушка беременна, пусть у ребенка будет отец. Хотя я считаю, что юноше жениться в 14 лет рано. И дело даже не в том, что ребята к этому возрасту еще не всегда социально зрелые. Критерий другой — можешь ты прокормить семью или нет? У меня пятеро детей, старшей дочери 17 лет, она не замужем и становиться дедом я пока не собираюсь. Но если бы такое вдруг случилось, не упрекал бы ее и не пилил. Любил бы внуков, воспитывал их — это без всяких сомнений. Сам я женился в 22 года, но мой дед женился в 16, а бабушке к этому времени было 17, встречались они перед свадьбой три года и прожили счастливо в браке полвека.

(Труд-7, № 216 от 20 ноября 2003 г.)

ОБ ОБРАЗОВАНИИ

1. Какой должна быть игрушка?

① **Прочитайте текст**

О кукле Барби

Девочки всегда играли в куклы. Их можно было пеленать, ласкать, наказывать, давать смешные имена, кормить манной кашей с ложечки, делать уколы и прически. Они делили с нами и стол, и постель. Теперь все не так. Девочкам на дни рождения дарят длинноногих красавиц <u>Барби</u>. Их дарят и в Китае, и в Африке, в Полинезии и в Сибири. Одинаковые красавицы, к которым прилагаются наряды, дома с фонтанами, куча женихов-красавцев, пляжные тапочки, очки для загара и т.п. Раньше девочки играли с куклой «в ребенка». Эта кукла учила девочку самому главному — быть матерью, учила любить, воспитывать, заботиться о ком-то. Детсадовские «<u>дочки-матери</u>» разыгрывали будущее и вполне возможное семейное, материнское счастье. Кукла-младенец учила свою маленькую хозяйку пеленать, кормить, воспитывать. К ней можно было относиться строго — на ней, на кукле, отрабатывались запреты родителей, которым ребенок приучался подчиняться.

И посмотрите на куклу Барби. Это вполне развившаяся деваха, с гипертрофированными волосами, ногами и половыми признаками. Самое важное для родителей здесь — понять, что Барби нельзя нянчить, ее можно только украшать. Причем украшать только совершенно определенным образом, так как она выражает уже какой-то <u>штамп</u> красоты — пышные волосы, стройные ноги, развитая грудь. Вот так и ребенок с помощью Барби учится штампу. Эта кукла ставит девочку-хозяйку не в роль матери только что родившегося младенца, а в роль матери взрослой дочери, которая требует модных нарядов. Наряжая Барби, она почти формирует свое жизненное <u>кредо</u> — быть строптивой куклой в чьих-то руках, от которых требуется внимание, забота и ответственность. Барби приучает свою маленькую хозяйку снимать ответственность с себя. Половая перезрелость куклы Барби рождает безответственность и взрослые амбиции у ребенка, начинающего выказывать свою половую принадлежность гораздо раньше, чем того требует природа. Эти выводы могут показаться надуманными. Но предложена лишь попытка подумать: вот кукла, какая может быть игра? Игра в вечный карнавал светской жизни, в легкость любовных отношений без семейной ответственности, во внешнюю «красоту» праздника, без неброской, но глубокой красоты повседневности?

(М. Бакулин. Сибирская православная газета)

② **Что это значит?**

— Барби
— «дочки-матери»
— штамп
— кредо

③ **Ответьте на вопросы по тексту**

▲ Какую проблему поднимает автор статьи?

▲ В какие игрушки должны играть дети?

▲ От каких игрушек, по мнению автора, стоит отказаться?

④ **Ваше мнение**

• Каким образом можно разделить игрушки на полезные и вредные?

• Кукла Барби, по мнению автора статьи, плохо влияет на ребенка. Что вы об этом думаете?

• Какие игрушки могут нанести вред психологическому здоровью ребенка?

- Должна ли продажа игрушек контролироваться? Кто должен осуществлять цензуру игрушек?

- Какую роль Министерства образования в этом вопросе вы видите?

- За кем окончательный выбор покупки игрушки: за детьми или родителями?

⑤ **Разные мнения**

Александр Асмолов, заведующий кафедрой психологии личности МГУ. Сегодня как никогда необходим институт психолого-педагогической экспертизы для игровой продукции и прежде всего для систем компьютерных игр однако целый ряд организаций, в частности антимонопольный комитет, выступают за свободную продажу игр и игрушек. В случае создания системы психолого-педагогической экспертизы будет четкая система рекомендаций, гласящих, какие игры лучше использовать детям для их развития, какие игры являются развивающими, а какие наносят вред сознанию ребенка. Психолого-педагогическая экспертиза — это не субъективная оценка, нравится игра или нет, плоха она или хороша. Поэтому нельзя заранее, до экспертизы, говорить, влияет кукла Барби на сексуальное развитие ребенка негативно или позитивно.

(Источник: NEWSru.com 6 ноября 2002 г.)

Маргарита Крюкова, детский психолог. Сами по себе игрушки безобидны. Дети совсем не стремятся отождествлять себя с игрушками.

(Собеседник, № 27, 2002 г.)

Елена Вроно — детский психиатр, ведущий научный сотрудник Института дошкольного детского образования и семейного воспитания Российской академии образования. На мой взгляд, ответственность родителей очень высока. Выбор игрушки для ребенка это дело, в первую очередь, родительской компетентности, родительской ответственности, родительского вкуса, наконец, родительского опыта собственного детского.

Марьяна Безруких, детский физиолог, директор Института возрастной физиологии Российской академии образования. Выбор игрушки не может быть делом родителей. Наш родитель еще более безграмотен, чем Министерство образования.

Давид Георгиевич. Я думаю, что выбор за родителями, но Министерство образования вместе с медицинским министерством должны иметь право на антирекламу любых игрушек.

(Стенограммы пресс-конференций радио «Эхо Москвы», 13 ноября 2002 г.)

2. Нужны ли оценки в школе?

① **Прочитайте текст**

Далеко до тех времен, когда в школе отменят оценки вообще, — как минимум нужно, чтобы вначале придумали какой-то иной способ отчета учителей перед администрацией и показатель деятельности школы в целом. Пока же ничего лучшего не придумали, как делать это именно с помощью оценок: мол, у такого-то учителя в классе столько-то отличников и хорошистов, а столько-то двоечников и троечников, значит — хорошо работает учитель или плохо. Таким образом оценки влияют на реноме всей школы и в той или иной степени на зарплату каждого учителя. Понятно, что такой способ в общем-то необъективен: с одной стороны, учителю иногда нужно поставить ученику заниженную оценку в дидактических целях, а с другой стороны, педагог порой бессознательно будет иной раз оценки завышать. Понятно, что формировать систему оценок проще всего по наличию фактических знаний: помнишь дату Куликовской битвы — молодец, пять, не помнишь — садись, два. А на самом деле такое механическое запоминание никак не стимулирует развитие логики и интеллекта. Но зубрилка в этом случае имеет больше шансов стать отличником, чем тот, кто действительно много знает, а главное, пользуется знаниями разумно.

Минобразования России разослало областным департаментам образования рекомендательные письма, в которых предложено отказаться от оценок по музыке, рисованию и физкультуре. Предмет будет оцениваться просто: «зачет» — «не зачет». Решение ставить или нет оценки по трем предметам, принимают учителя, ученики и родители. После того как школы определятся и выскажут свои мнения, данные будут представлены в Минобразования. Тогда станет ясно: быть оценкам или нет.

(ПРАВДА.Ру)

② Что это значит?

— отличник
— хорошист
— троечник
— двоечник
— реноме
— зубрилка
— Минобразования

③ Ответьте на вопросы по тексту

▲ Зачем нужны оценки?
▲ Что предлагает Минобразования вместо оценок?

④ Ваше мнение

• Что оценивает оценка?

• Каким образом оценка может быть стимулом к учебе?

• Считается, что педагоги превратили оценку в суперценность, практически единственное мерило способностей и интеллекта ученика. И в результате учебный процесс постепенно вырождается в погоню за баллами буквально любой ценой. Что вы об этом думаете?

• Что вы думаете о заниженных оценках, поставленных учителем в дидактических целях?

• Есть мнение, что оценка является символом определенной власти педагога над учеником, способом наказания, а не инструментом дидактики. Выскажите ваше мнение.

- По каким предметам, на ваш взгляд, нужно оценивать ученика, а по каким нет?

- Как нужно оценивать учащегося?

⑤ Разные мнения

Людмила Путина, первая леди страны. Нужно выстроить систему оценки знаний таким образом, чтобы исключить субъективный фактор. По сути, это психологическое давление на детей. У ребят из-за оценок по этим предметам зачастую возникают комплексы. Главное, чтобы ребята получали удовольствие от процесса обучения.

Алексей Макаров, учитель физкультуры. Последнюю радость у детей отнимут. Физвоспитание без оценки — суп без соли, работа без зарплаты. Для многих «пятерки» по физкультуре, музыке и ИЗО были единственно доступными и приносили удовольствие.

Ирина Зиновьева, учитель музыки школы № 6. Я категорически против. Нельзя отменить стимул к учебе. Мы оцениваем не музыкальные способности, а умение работать.

Татьяна Сухова, заведующая кабинетом искусств института усовершенствования учителей. Прежде чем что-то отменять, следует предложить альтернативу. Как надо оценивать? Конечно же, индивидуально, в соответствии с успехами.

(ПРАВДА.Ру)

⑥ К вашему сведению

Система школьных отметок существует в России почти 170 лет. После революции 1917 года отметки были отменены: вместо баллов учителя составляли характеристики, в которые входила не только академическая успеваемость, но и поведение. Такая система действовала до 1939 года.

(Lenta.ru, 30 июля 2004 г.)

3. Нужна ли школьная форма?

① **Прочитайте текст**

Все родители, конечно же, прекрасно помнят свои школьные годы, тоскливые синие костюмы-двойки у мальчиков, чопорные коричневые платья с белыми манжетами, черные и белые фартуки у девочек. Хорошо помнится, что обязанность носить школьную форму восторга среди учащихся не вызывала. Хотя справедливости ради стоит заметить, что в 80-х годах особой строгости в одежде школьников уже не было. Мальчики средних классов, не говоря уже о старшеклассниках, могли надевать в школу обыкновенные костюмы, в том числе и с жилетом. Для девочек швейные фабрики шили платья и фартуки различных фасонов и покроев, но только одного цвета, темно-коричневого с разными оттенками. Процесс демократизации школьной одежды начался изнутри, подросткам были необходимы перемены. В 1992 году традиционная уныло-одинаковая форма в школах была официально отменена государственными органами управления. И началось время «Великой Эклектики». Запрет снят, ходить можно в чем угодно, лишь бы одежда была чистой. Однако оказалось, что такой плюрализм также имеет свои минусы. Подростки большую часть своего времени проводят в стенах школы, и им отнюдь не все равно, в чем предстать перед одноклассниками. У родителей появилась новая головная боль, возросли требования детей купить новый наряд, причем не любой, а в соответствии с веяниями моды. Опять же, ходить всю неделю в школу в одном и том же наряде неприлично, так же как и на работу. Так что финансовые затраты на школу скорее возросли, чем уменьшились. Наряжаясь в школу, дети далеко не всегда руководствуются чувством меры, и «кто во что горазд» иногда выглядит очень не эстетично, мягко говоря. В конце 90-х у мальчиков появилась «мода» ходить на уроки в спортивных костюмах. Да, это удобно, только вот уроки физкультуры и литературы — это не одно и тоже. Психологи, размышляя на тему социального неравенства, считают, что отсутствие единой школьной формы только подчеркивает это неравенство. Словом, не прошло и десяти лет, как про школьную форму снова вспомнили. Решение этой актуальной проблемы оказалось довольно сложным и для семьи, и для школы. «Закон об образовании» Российской Федерации не регламентирует этот вопрос ни на городском, ни на федеральном уровне. Решение вводить или не вводить униформу полностью принадлежит школьной администрации.

(Юлия Ли. Сарафан, сентябрь 2003 г.)

② Что это значит?

— плюрализм
— головная боль
— кто во что горазд

③ Ответьте на вопросы по тексту

▲ Что представляла собой школьная форма советского образца?

▲ Почему сейчас снова возник вопрос о школьной форме?

④ Ваше мнение

• Во что должен быть одет ребенок в школе?

• Как, по-вашему, школьная форма влияет на учебу ребенка, его поведение?

• Кто должен решить вопрос о школьной одежде ребенка?

⑤ Разные мнения

Наталия. Школьная форма. С этими словами у нас связаны воспоминания о коричневых платьях и обязательных передниках. И никаких брюк для девочек. Сейчас форма более демократична. У моей дочери в ее гимназии достаточно иметь пиджак любого темного цвета (зеленый, бордовый, синий, черный, серый). Брюки разрешены любые, кроме джинсов. В принципе, форма нужна уже затем, чтобы не отвлекать мальчиков от учебы в весенний период цветения девичьих ножек, попок и животиков. А девочкам она нужна для того, чтобы помнить, что сегодня ты пошел в любимую школу...

98

Николай. Думаю, форма дисциплинирует детей. Но она не должна их нивелировать, убивать в них индивидуальность. Вообще, я думаю, школьная форма должна быть по сезону. Это не должен быть четко регламентированный костюм, — скорее это должен быть просто комплект школьной одежды и аксессуаров. Можно даже ввести несколько альтернативных вариантов школьной формы, чтобы дети имели возможность выбирать себе одежду по своему вкусу.

Яна. Нет, нет, нет! Школьная форма не нужна! Я сама еще учусь в школе, и теперь нам ввели форму. А мне между прочим 15 лет, переходный возраст, хочется и выглядеть соответственно, а не как старая тетка пенсионного возраста.

(Натали, июль 2003 г.)

4. Нужно ли раздельное обучение в школе?

① **Прочитайте текст**

Говоря о <u>раздельном обучении</u>, стоит отметить, что до 1 сентября 1954 года оно повсеместно использовалось советской системой образования (причем раздельно учились мальчики и девочки с первого по десятый класс во всех школах), и было традиционным для России еще в дореволюционные времена.

(ПРАВДА.ру, 14 августа 2001 г.)

Как сами дети относятся к раздельному обучению? Приводим данные опроса школьников из Железногорска (Красноярский край, школа № 103) и Санкт-Петербурга (школа № 106 Приморского района):

Девочки

Класс девочек — это как большая семья. Мы не боимся высказывать свое мнение и делиться впечатлениями.

Девочки без мальчиков больше заботятся об учебе, а не о том, как поярче накрасить глаза, чтобы выглядеть повзрослее и покруче.

Никто не отвлекает, не дергает за косички.

Никто не несется галопом в столовую, все идут спокойно, как истинные леди.

То, что мы учимся отдельно от мальчиков, еще не значит, что мы вообще не общаемся с ними, что ненавидим мужчин. Мы не монашки и не амазонки. Мы влюбляемся и думаем о них.

Если бы мне предоставилась возможность перейти в смешанный класс, я бы не согласилась.

Здесь у нас нет никаких комплексов и боязни, что нас обидят, обзовут или оскорбят.

Мне нравится раздельное обучение, потому что в классе девочек обстановка тихая и спокойная, а в классах мальчиков всегда шумно, и они дерутся между собой.

На уроках мы не стесняемся.

У нас разные интересы.

Мальчики

В смешанном классе с девчонками скучно. Девчонки всегда думают, что они правы.

Девчонки все время говорят и тем самым вносят хаос в нашу организацию.

Девчонки задиристые и наверняка не давали бы нам полностью посвящать себя урокам.

Девчонки на уроках визжат, на переменах щипаются и дергают за волосы. С девчонкой неловко, а с парнем — совсем другое дело.

В классе мальчиков можно в любое время урока выйти в туалет, никого не стесняясь.

В классе мальчиков можно, не боясь, раскрыть свои истинные чувства или поговорить о проблемах.

Я считаю, что мы должны учиться раздельно, потому что девчонки иногда смущают нас и тогда становится не по себе.

Девчонки — болтушки и отвлекают на уроках, не дают хорошо учиться.

У девчонок свои мысли и взгляд на мир, и вообще они в детстве тупые и у них сквозняк в голове.

Когда мы в разных классах, девочки не знают, как я учусь.

(Учительская газета, 2 августа 1999 г.)

② **Что это значит?**

— раздельное обучение
— смешанный класс

③ **Ответьте на вопросы по тексту**

▲ Каковы девочки в представлении мальчиков?

▲ Каковы мальчики в представлении девочек?

▲ Почему дети двух школ выступают за раздельное обучение?

④ **Ваше мнение**

• Нужно ли мальчиков и девочек учить раздельно?

• Какие плюсы / минусы раздельного образования вы можете назвать?

• Надо ли родителям при выборе формы обучения учитывать мнение ребенка?

⑤ **Разные мнения**

Рубен Макаров. Аргумент такой: однополая любовь у нас совсем в загоне. Вся надежда на раздельное обучение. Только тогда дети больше внимания будут уделять своему полу.

Артем Почтовалов. На мой взгляд, мальчики и девочки должны учиться раздельно, потому что юноша-выпускник, будет относиться к девушкам по-другому, чем сейчас. Он будет думать, что женщин надо добиваться (дарить ей цветы и т.п.). Еще мальчик должен вырасти мужчиной, а это возможно, только если его будут воспитывать мужчины и только в окружении мальчиков. Я не говорю о гомосексуализме, я говорю о том, что парень до революции 1917 года был по-другому воспитан. Когда он вырастал, он становился настоящим мужчиной!!!

(ЗВУКИ.РУ РЕДАКЦИЯ, 20 февраля 2001 г.)

Директор Института общего и среднего образования Юрий Дик.
Нельзя разделять классы по половому признаку, ничего хорошего это не принесет. Дети должны быть вместе, общаться друг с другом. Ведь известно, что замкнутые, чисто мужские коллективы, как, например, в военных училищах, кадетских корпусах, порождают дедовщину. Мне, между прочим, даже непонятно то разделение, которое происходит у нас в школе на уроках труда. Почему мальчик не должен учиться готовить или шить? Ведь все известные модельеры и кулинары — мужчины!

(Российская газета, 1998−2003 гг.)

Выпускники школ для мальчиков. Класс без девочек — казарма. Речь мальчиков была груба, шутки в адрес учителей — весьма двусмысленны, игры — жестоки. И при этом все мы в юности панически боялись девочек и наши первые любовные отношения с противоположным полом складывались ох как непросто.

(АиФ, Семейный совет, выпуск 17 (186) от 7 сентября 2002 г.)

5. Нужны ли уроки религии в школе?

① **Прочитайте текст**

— *Евгений Александрович[7], вы последовательно высказываетесь против преподавания религии в школе, а как вы оцениваете роль веры в формировании личности ребенка?*

— Я никогда не выступал против религии как таковой. Хорошо, что школа перестала быть агрессивно атеистической. Очень многие философы, культурологи считают, что один из самых трагических поворотов русской истории XX века был связан с кризисом безрелигиозного сознания и морали. Оказалась разрушенной шкала ценностей, которая должна опираться на чувство священного. Школа не имеет права навязывать конфессиональную принадлежность, тем более что религиозное чувство не пе-

---

[7] Директор центра образования № 109, заслуженный учитель России, доктор педагогических наук Евгений Ямбург.

редается в процессе обучения. Религию можно преподавать в частных или воскресных школах, но светское учебное заведение должно оставаться внеконфессиональным из соображений безопасности. Мы живем в многонациональной и многоконфессиональной стране, где очень легко пересорить людей на почве веры.

— В чем вы видите основную сложность разговора о вере в светской школе?

— Человек, говорящий с детьми о религии, должен отличать лекцию от проповеди и школу от церкви, в нем должна сочетаться живая вера и адекватность. Где гарантия того, что человек, пришедший в школу преподавать «Основы православной культуры», не придерживается черносотенных или фундаменталистских взглядов? Таких гарантий нет, и нельзя просто пригласить в школу батюшку из соседнего храма, потому что проповедь — это одно, а работа с детьми — другое. А если ко мне придут родители и скажут: «Мы хотим, чтобы наши дети в школе могли факультативно изучать основы православия или ислама»? Значит, тогда я должен буду найти им учителя? Но здесь есть опасность: сегодня пришли православные, завтра мусульмане, послезавтра иудеи или буддисты, и я должен буду им всем предоставить преподавателя. Тогда светская школа перестанет существовать, и у наших учеников будет больше поводов для конфликтов, а кто за это ответит? Конечно, в процессе изучения литературы или истории неизбежно возникают вопросы, связанные с верой, потому что подлинное религиозное чувство было у Толстого и Достоевского, и оно отразилось в их творчестве. Если учитель литературы достаточно культурен, он не оставит без внимания эту проблему. Но он будет говорить о христианстве не как богослов или проповедник, а как образованный человек, понимающий важность этого аспекта.

— Достаточно ли написать хороший учебник и толковую программу, на которую преподаватель сможет ориентироваться?

— Методика здесь не поможет. В духовной сфере невозможно передать то, чем ты не владеешь. Главное — это ответственность и культура человека, который берется это делать.

— Что должен воспитывать политкорректный учитель в ребенке, говоря о разных вероучениях?

— Уважение к религиозной традиции. Школьник должен знать, что и Великий пост и Рамадан — явления одинаково достойные.

Каждый человек имеет право чувствовать себя удобно в любой конфессии или не принадлежать ни к одной.

— *Как вы оцениваете историческую роль православия в России?*

— Ее очень сложно переоценить. Многие обители на Руси становились центрами культуры и просвещения, поэтому естественно, что православие формировало мировоззрение наших предков.

— *Не является ли этот выдающийся вклад в русскую культуру и историю достаточным основанием для того, чтобы во всех школах преподавать «Основы православной культуры»? Еще в XIX веке возник лозунг «Быть русским — значит быть православным»...*

— В России всегда большую роль играли христиане других конфессий, мусульмане и представители других религий. Не нужно врать детям, замалчивая очевидные вещи. После революции 1917 года храмы разрушали не одни только большевики, но и народ. Нужно честно признать, что в истории православия на Руси, как и в истории других религий, были и славные, и трагические страницы. А потому о преимуществе какого-либо вероисповедания в рамках светской школы речи быть не может.

(Независимая газета, Религии, 20 августа 2003 г.)

② **Что это значит?**

— навязывать (кому?) (что?)
— воскресные школы
— проповедь
— черносотенные взгляды
— фундаменталистские взгляды
— богослов
— проповедник

③ **Ответьте на вопросы по тексту**

▲ За что выступает господин Ямбург?

▲ Чего опасается господин Ямбург?

④ **Ваше мнение**

• Как вы представляете себе шкалу ценностей?

• Какое место на шкале ценностей занимает религия?

- Как вы оцениваете роль веры в формировании личности ребенка?
- Как вы считаете, зачем нужно преподавать религию в школе?
- Кто, на ваш взгляд, должен преподавать религию?
- Почему, на ваш взгляд, у преподавания религии в школе есть противники?
- С одной стороны, полное отсутствие религиозной информации в школе может привести к религиозному экстремизму в зрелости. С другой стороны, допущение в школы религиозной пропаганды может иметь ровно такой же результат. Как найти золотую середину?
- Выскажите ваше мнение по поводу существования конфессиональных школ?

⑤ Разные мнения

Андрей Фурсенко, министр образования. История религии — это составная часть истории человечества, и очень важная часть. Образованный человек, который выходит в мир, должен знать историю.

(Еженедельный Журнал, 31 мая 2004 г.)

Владимир Филиппов, экс-министр образования России. Преподавать в школах религию нельзя. Религию должны преподавать в специальных учебных заведениях. Что касается школы, здесь можно говорить о преподавании не культа и культовых знаний, а основ культуры. Учитывая, что Россия — многонациональное государство, было бы целесообразно создать учебник, который давал бы знания по основам культуры целого ряда конфессий страны — православия, буддизма, иудаизма, ислама.

(Эхо Москвы, 31 января 2003 г.)

Илья. Моя семья живет в Подмосковье. У нас нет возможности посылать детей в воскресную школу. Но мне бы очень хотелось, чтобы мои дети, читая Пастернака и Достоевского, понимали, о чем идет речь. Сам я, к сожалению, воспитанный в атеизме, даже не могу объяснить суть происходящего в «Тайной вечере». И чувствую некоторую неполноценность в связи с этим.

Ирина. Наша семья не религиозна, но нам с сестрой отец с детства объяснял то, что в литературе и живописи связано с религиозными сюжетами. Сам он тоже, понятное дело, никаких воскресных школ не посещал, просто (не будучи религиозным) интересовался и этой частью культуры человечества. Есть библия — читайте. Сейчас разобраться в этих вопросах гораздо проще, чем было, когда мы росли. Издаются библейские энциклопедии, словари. Да, в конце концов, наверняка в Интернете есть образовательные сайты на эти темы. И специальные «Библии для малышей» тоже есть.

Наталья Конрадова. Практически вся история человечества связана с теми или иными формами религиозности — поступки исторических персонажей, общественные движения и обыденное поведение нередко мотивированы религиозными установками или хотя бы апеллируют к ним. Так что даже в стандартном школьном курсе истории тяжело обойтись без основ истории религии.

(Polit.ru, 11 октября 2003 г.)

О КУЛЬТУРЕ

1. Музеи. Плата за посещение

① Прочитайте текст

Раз в месяц студенты и школьники могут <u>поглазеть</u> на экспозицию любого столичного музея совершенно бесплатно. Когда устроить так называемый <u>льготный день</u>, администрация каждого музея решает сама. Но не успели мы порадоваться за подрастающее поколение, как в редакцию позвонил начальник Государственной инспекции цен г. Москвы Михаил Лев и объяснил, что, по данным их проверки, далеко не все музеи готовы бесплатно распахнуть свои двери перед юными ценителями прекрасного даже в льготные дни.

Михаил Лев напомнил, что ст. 12 закона № 115-ФЗ «Основы законодательства <u>РФ</u> о культуре» от 23.06.99 гарантирует подросткам, не достигшим 18 лет, право на бесплатное посещение музеев раз в месяц. А студенты, согласно ст. 16 закона № 125-<u>ФЗ</u> «О высшем и послевузовском профессиональном образовании», вообще могут в любой день года ходить в государственные и муниципальные музеи, не платя за это ни копейки. Добросовестно исполняют эти законы (хотя бы частично, в отношении льготных дней) в основном <u>муниципальные музеи</u>. По словам Михаила Льва, в тех из них, которые проверила инспекция, ничего предосудительного не обнаружилось. А вот в ряды недобросовестных музеев умудрились попасть такие гиганты, как «Бородинская панорама» и <u>ГМИИ им. А.С. Пушкина</u>. Плату с молодежи здесь взимали и во время заявленного в расписании льготного дня. Правда, билеты для школьников и студентов здесь всегда продают со значительной скидкой, но закон-то оговаривает бесплатное посещение.

С другой стороны, музеи тоже не совсем виноваты в собственной недобросовестности. По словам Михаила Льва, обозначив указанные выше льготы, законодатели не позаботились прописать механизм их финансирования. Поэтому денег, компенсирующих затраты на льготные дни, музеи не получают. Как известно, средства на содержание музеев выделяются скупо и неохотно. Так что выручка от продажи билетов является хоть каким-то подспорьем для большинства из них. Если же студентам разрешат глазеть на экспонаты бесплатно, то и этот денежный ручеек может иссякнуть. Потому что самые культурно-активные горожане — это в первую очередь студенты и школьники.

(АиФ, Москва, выпуск 5 (447) от 30 января 2002 г.)

② Что это значит?

— поглазеть
— льготный день
— РФ
— ФЗ
— муниципальные музеи
— ГМИИ им. А.С. Пушкина

③ Ответьте на вопросы по тексту

• Все ли платят за вход в музей?

• У кого есть право на бесплатное посещение музеев?

• Все ли музеи законопослушны?

④ Ваше мнение

• Что вы думаете о бесплатном входе в музей?

• Существует ли, по-вашему, категория людей, имеющая право на бесплатное посещение музея?

• Как сами музеи могут заработать деньги?

• Как, по-вашему, должны финансироваться музеи?

⑤ **Разные мнения**

Виктор Макеев, финансист. Содержание музеев очень дорого обходится государству. Оно включает стоимость новых приобретений, затраты на хранение, реконструкцию экспонатов, оплату труда работникам, проведение отдельных выставок. Дополнительными источниками финансирования могут быть магазины при музеях, коммерческие акции, частные вклады и, очень распространенный источник, оплата за вход.

Татьяна Смирнова, учитель. Свободный доступ в музеи просто необходим для предоставления культурных и образовательных возможностей.

(По материалам Интернета)

2. Возвращение ценностей

① **Прочитайте текст**

Российские военные <u>трофеи</u> времен Второй мировой войны в скором будущем будут возвращены Германии. Однако некоторые из богатств Третьего рейха могут оказаться в Стамбуле. Речь идет о золотых предметах, найденных Генрихом Шлиманом во время раскопок легендарной Трои.

Владимир Путин заявил, что, возможно, большая часть исторических ценностей, вывезенных в свое время в качестве военных трофеев в Советский Союз войсками Красной Армии, скоро вернется в Берлин. Общая стоимость сокровищ оценивается в 45 миллиардов фунтов стерлингов. Предметы искусства вот уже на протяжении 50 лет остаются основным <u>камнем преткновения</u> в отношениях России и Германии. Однако совершенно неожиданно в разрешение вопроса о возвращении сокровищ вмешалась Турция. Как заявил официальный Стамбул, в случае возвращения золота Трои в Германию, Турция будет добиваться передачи бесценных сокровищ на их историческую родину, коей эта самая Турция и оказалась (Троя находилась на территории современной Турции). Кто знает, может, скоро на сцене появится и четвертое действующее лицо — Греция. Ведь как-никак греки — прямые потомки воинов великой Эллады.

(Самир Шахбаз. Русское национальное единство)

② Что это значит?

— трофеи
— камень преткновения

③ Ответьте на вопросы по тексту

▲ Каким образом предметы европейского искусства оказались на территории России?

▲ Почему Турция вмешивается в диалог между Германией и Россией по поводу возвращения ценностей?

④ Ваше мнение

• Почему страны настаивают на возвращении ценностей?

• Что вы думаете по поводу возвращения предметов искусства?

• Какие условия должны существовать при приобретении предметов искусства одним государством у другого?

• Какая сделка по приобретению ценностей государством, по вашему мнению, может считаться нелегальной?

⑤ Разные мнения

BBC News, 19 апреля 2003. Крупнейшие музеи мира подписали декларацию об отказе возвращать античные экспонаты на их историческую родину. Среди подписавших декларацию — руководители 18 музеев, в том числе представители Эрмитажа, Прадо, Лувра, музея Метрополитен, Нью-Йоркского музея современного искусства, музея Гугенхайма и других. Британский музей пока не подписал документ, однако его представители заявили, что полностью поддерживают мнение ведущих музейщиков мира. По мнению руководителей крупнейших музеев, условия, при которых некогда были приобретены античные ценности, нельзя сравнивать с сегодняшними и, следовательно, рассматривать эти сделки как нелегальные. Поэтому все экспонаты должны остаться там, где они находились в течение последних десятилетий и даже веков, заявили музейщики.

Вопрос о собственности культурных ценностей надо отложить. При этом следует создать некий международный фонд, куда должны быть переданы все трофейные ценности из запасников Германии, России и других стран. Права собственности, даже сомнительной, должны сохраниться. Фонд будет иметь только одно право — проводить выставки повсюду в мире и зарабатывать этим деньги на реставрацию ценностей и поддержание музеев, где они как-то числятся. А тем временем законодатели найдут приемлемое для всех стран решение.

(АиФ, № 13 от 25 марта 1998 г.)

Большинство российских граждан и законодателей считают, что завоеванные трофеи являются достоянием России и не подлежат возврату. Не может идти речи и об обмене. Ведь военные трофеи Советской армии являются компенсацией за варварски уничтоженные и разграбленные российские произведения искусств и памятники старины, не говоря уже о миллионах изуродованных человеческих жизней.

(Русское национальное единство)

3. Диалектика русского комикса

① **Прочитайте текст**

В советские времена <u>комикса</u> в нашей стране не было. Перелом наступил в 1988 году. Работа над комиксами перестала считаться злостной <u>антисоветчиной</u>, и при газете «Вечерняя Москва» была создана комикс-студия КОМ. С 1990 по 1993 годы на рынок рухнула настоящая волна. Издавалось абсолютно все — от американских «супергеройских» боевиков до вполне качественных отечественных работ. Большой популярностью пользовались комиксы, созданные по известным произведениям фантастической литературы, — в графический формат были переведены «Агент КФ» Кира Булычева, «Трудно быть богом» Аркадия и Бориса Стругацких. Временами эта тенденция принимала совсем экстравагантные формы — в 1991 году свет увидел комикс по произведению Ф. Энгельса «Происхождение семьи, частной собственности и государства».

За бурным началом последовал довольно печальный конец. В условиях российского рынка рисованная книга не выдержала конкуренции с книгой печатной — печатать графику оказывалось ощутимо дороже. Сыграл свою роль и ряд других факторов — въевшееся еще с советских времен отношение к комиксу как к жанру низкому и внимания интеллигентного человека не заслуживающему, нежелание торговых сетей иметь дело с этим «неформатным» товаром. К 1995 году комикс на российском рынке был представлен только диснеевскими «Томом и Джерри», «Утиными историями» и прочими бумажными версиями известных детских мультфильмов.

Возрождение российского комикса началось в 1998 году благодаря журналам, посвященным компьютерным играм. Поскольку основная аудитория этих журналов во многом пересекалась с основной аудиторией комикса — подростками в возрасте от 15 до 18 лет, ежемесячные публикации приобрели устойчивую популярность. К 2000 году началась вторая волна издания комиксов. Сегодня российский комикс переживает расцвет. Однако будущее пока остается неопределенным. До сих пор не ясно, не схлынет ли со временем волна интереса и не повторится ли ситуация 1993 года.

(Консерватор, № 31 от 25 апреля 2003 г.)

② Что это значит?

— комикс
— антисоветчина
— диснеевские «Том и Джерри», «Утиные истории»

③ Ответьте на вопросы по тексту

▲ Почему в СССР не было комиксов?

▲ Какое отношение было у людей к комиксам?

▲ С чем связана популярность комиксов сейчас?

④ **Ваше мнение**

- Как вы себе представляете, что такое комикс?

- На какую аудиторию рассчитаны комиксы?

- По-вашему, комикс — низкий жанр?

- Что вы думаете о переводе классиков литературы в комиксы?

- Какие преимущества рисованной книги перед печатной вы видите?

- Есть ли будущее у комикса?

⑤ **Разные мнения**

Борис Иванов. Комиксы нужны лишь тем, кто по недомыслию считает полноценное чтение излишним или не имеет достаточного доступа к литературе при инфантильном взгляде на жизнь.

Вадим Сигалов. Над хорошим комиксом тоже есть о чем подумать. Вообще, многие литературные произведения приобрели бы множество достоинств, если бы были написаны как комиксы. Не переведены в комиксы, а изначально так написаны.

Дарья Донцова, автор детективных романов. В комиксах не было ничего плохого. Вы хотите научить человека читать? Комиксы это и делают — большие, яркие картинки, сопровождаемые лаконичной информацией.

(Итоги, № 17 (359) от 20 ноября 2003 г.)

⑥ **К вашему сведению**

В Америке комиксы появились в конце XIX века, в России же нечто подобное начали рисовать еще при Петре I. Странно только, что русский лубок считается произведением искусства, а российский комикс — нет.

(Ваш досуг, апрель 2003 г.)

4. Массовая культура

① **Прочитайте текст**

Важнейшим, если не определяющим признаком «массового общества» является «массовая культура». Отвечая общему духу времени, она становится одной из прибыльнейших отраслей экономики и даже получает соответствующие названия: «индустрия развлечений», «коммерческая культура», «поп-культура», «индустрия досуга». Превратившись в товар для рынка, враждебная всякому роду элитарности, «массовая культура» имеет целый ряд отличительных черт. Это, прежде всего, ее «простота», если не примитивность, часто переходящая в культ посредственности, ибо рассчитана она на «человека с улицы». Для выполнения своей функции — снятия сильных производственных стрессов — «массовая культура» должна быть, как минимум, развлекательной; обращенная к людям часто с недостаточно развитым интеллектуальным началом, она во многом эксплуатирует такие сферы человеческой психики, как подсознание и инстинкты.

Феномен «массовой культуры» с точки зрения его роли в развитии современной цивилизации оценивается учеными далеко не однозначно. В зависимости от тяготения к элитарному или популистскому образу мышления культурологи склонны считать его или чем-то вроде социальной патологии, симптомом вырождения общества, или, наоборот, важным фактором его здоровья и внутренней стабильности. К первым, во многом питаемым идеями Ф. Ницше, относились О. Шпенглер, Х. Ортега-и-Гассет, Э. Фромм, Н.А. Бердяев и многие другие. Вторые представлены Л. Уайтом и Т. Парсонсом. Критический подход к «массовой культуре» сводится к ее обвинениям в пренебрежении классическим наследством, в том, что она якобы является инструментом сознательного манипулирования людьми; порабощает и унифицирует основного творца всякой культуры — суверенную личность; способствует ее отчуждению от реальной жизни; отвлекает людей от их основной задачи — «духовно-практического освоения мира» (К. Маркс). Апологетический подход, напротив, выражается в том, что «массовая культура» провозглашается закономерным следствием необратимого научно-технического прогресса, что она способствует сплочению людей, прежде всего молодежи, независимо от каких-либо идеологий и национально-этнических различий в устойчивую социальную систему и не только не отвергает культурного наследия прошлого, но и делает его лучшие образцы достоянием самых широких народных слоев путем их тиражирования через печать, радио, телевидение и промышленное воспроизводство.

(*Мамонтов С.П.* Основы культурологии. М.: Олимп, 1999)

② **Что это значит?**

— массовое общество
— массовая культура
— общий дух времени

③ **Ответьте на вопросы по тексту**

▲ Что такое массовая культура?

▲ Перечислите ее черты, функции.

▲ В чем спор сторонников и противников массовой культуры?

④ **Ваше мнение**

• Культура стала действительно массовой только в XX веке, или массовая культура существовала всегда?

• Назовите причины возникновения массовой культуры?

• Где проявляет себя массовая культура?

• В чем отличительные черты массовой культуры?

• На что ориентирована массовая культура?

• Кто, по-вашему, является потребителем массовой культуры?

• Что же такое массовая культура: культура, которую несут в массы, или культура, которую задают эти самые массы? Аргументируйте свою точку зрения.

• Какой, на ваш взгляд, должна быть массовая культура?

- Угрожает ли массовая культура высокой культуре? Аргументируйте свою точку зрения.

- В чем вы видите проявление власти массовой культуры?

- Как повлияло появление телевидения на развитие массовой культуры?

- Как вы думаете, используют ли современные политики массовую культуру для достижения своих целей?

- Мнение антиглобалистов: массовая культура проплачена транснациональными брендами. Что вы об этом думаете?

- Как по-вашему, используются ли достижения «классической» культуры в произведениях массовой культуры?

- Какие страны, на ваш взгляд, внесли особенно значительный вклад в развитие массовой культуры?

- Как относятся к распространению массовой культуры в разных странах?

- Как относятся представители разных религий к массовой культуре?

⑤ Разные мнения

Ирина Филиппова. Ницше говорил, что достоинство человека измеряется его умением быть одиноким, то есть той дистанцией, которую он устанавливает между собой и общепринятым. Очевидно, массовая культура может быть добром, но только в том случае, когда она учит вселенскому опыту, а человек умеет выбрать в этом опыте главное для себя самого, умеет в нем не раствориться. Ведь есть же термин «стадное чувство», и, по-моему, в своем отрицательном проявлении массовая культура развивает в человеке именно его.

(Нева, № 9, 2003 г.)

Вадим Репин. Если СПИД реально угрожает массовым уничтожением генофонда наиболее незащищенных этносов на планете, то массовая культура с ее вирусами в странах с низким уровнем жизни является огромным абортарием несформированных уродливых личностей. Массовая культура гипертрофирует жажду потребления и фиксирует мотивацию на внешних культовых вещах, которые по реальной обстановке остаются недосягаемыми. Последствия массовой культуры — это миллионы разрушенных и искалеченных жизней без официальных войн и оружия. Настало время объявить тотальную войну массовой культуре.

Александр Мелихов. Если вглядеться, какую роль играет массовая культура, станет ясно: она пытается отстоять вечные схемы искусства, может быть, даже романтического искусства: любовь побеждает смерть, храбрец-одиночка может бросить вызов могущественной корпорации, верность существует, существует и красивая жизнь где-то под пальмами. Другое дело, что все это в интерпретации для масс — низкого качества, читать и смотреть такое невозможно образованному человеку.

Алексей Машевский. Массовая культура — это суррогат, она не объясняет, не истолковывает человеку жизнь его, а просто отвлекает от жизни. Очень важный и принципиально отличающий массовую культуру от культуры подлинной момент: культура подлинная — исторична и контекстуальна, любое настоящее произведение искусства помнит (в крови у него это, в генетике) то, что было написано сто, двести, тысячу лет назад, оно живет этой кровью, оно развивается как живой организм. Что же касается массовой культуры, она вырастает всегда как бы на пустом месте и ничего не помнит о массовой культуре прошлого.

Елена Чижова. Я хочу заступиться за массовую культуру. Если массовая культура не мимикрирует и не претендует на место высокой культуры, она может стать вполне невинным развлечением, которому каждый имеет право предаться. Мне кажется, что большая часть пространства, обслуживающего эстетические потребности общества, должна принадлежать массовой культуре.

(Русский журнал, 2001 г.)

О СПОРТЕ

1. Допинг в спорте

① **Прочитайте текст**

Корреспондент журнала «Огонёк» Андрей Бондаренко беседует с Матвеем, бывшим спортсменом, призером чемпионатов <u>СССР</u> по лыжному спорту.

— *Будучи спортсменом, ты <u>применял</u> когда-нибудь <u>допинг</u>?*
— Да. Всегда. И сейчас бы применял.
— *Это действительно влияет на результат?*
— Безусловно, да.
— *С-допинговой проблемой нужно бороться?*
— Наверное, нужно, но вот насколько это сейчас возможно? Если пытаться сохранить спорт на принципах Пьера де Кубертена[8] — это одно, а если продолжать культивировать его на принципах коммерческого шоу — совсем другое. В таких видах спорта, как лыжный, плавание, легкая атлетика, давно применяют всякие «колеса». Начинается это по нормальной стандартной схеме — с витаминов. Витамины, восстанавливающие средства, тонизирующие препараты, которые помогают просто поддерживать кондиции в щадящих режимах. В этом нет ничего страшного, если человек выводит из мышц молочную кислоту, которая у него

---

[8] Пьер де Кубертен (1863–1937) — барон, французский общественный деятель, педагог, историк, литератор; инициатор возрождения античных Олимпийских игр в виде всемирных спортивных соревнований. Им разработаны основные правила проведения Олимпийских игр, написан текст клятвы спортсменов-олимпийцев.

скапливается от интенсивных нагрузок, просто чтобы снять болевое ощущение.

— *Или просто получить побольше медалей.*

— А это все взаимосвязано: допинг и этот идиотизм, связанный с медалями. Не знаю, кому пришло в голову считать медали на Олимпиаде... Я считаю, что Олимпиада должна быть зрелищной!

— *Есть ли разница в технологии применения допинга сейчас и, прости, в «твое время»?*

— Раньше главным в технологии допинга было как «ужалиться», чтобы достичь этого сердцебиения атомного, причем где-то в затылке, и получить скорости нереальные. Сейчас исследования смес.ились в другую сторону, сейчас стараются «ужалиться» и ликвидировать все следы, основная методика просчитывает такой цикл, при котором на определенном этапе принимаются лишь определенные препараты.

— *Существует категория людей, которые считают, что допинги безоговорочно вредны.*

— Говорить о том, что проблема допинга и последствия его употребления изучены — это кривить душой. Когда народится поколение детей от спортсменов, увлеченных допингом (от тех, кто еще вообще способен производить потомство), можно будет следующему поколению в познавательно-профилактических целях показывать результаты. Кунсткамера, уверен, в сравнении покажется комнатой смеха.

— *Ты считаешь, что все спортсмены используют допинг?*

— Тот факт, что все используют допинг, совершенно очевиден, но разные федерации занимают по этому поводу разные позиции.

(Огонёк, № 32, сентябрь 2000 г.)

② Что это значит?

— СССР
— применять допинг
— «колеса»
— «ужалиться»
— кривить душой

③ **Ответьте на вопросы по тексту**

▲ О каких проблемах в спорте рассказал Матвей?

▲ Какая взаимосвязь существует между получением медалей и применением допинга?

▲ Каковы последствия применения допинга по мнению Матвея?

④ **Ваше мнение**

• Как вы думаете, в чем заключается проблема допинга?

• На ваш взгляд, как не допустить махинаций при проведении антидопингового контроля?

• Известны ли вам скандальные случаи на Олимпиаде, причиной которых стал допинг?

• В результате положительной пробы на допинг следует ли отнимать у олимпийских чемпионов медали?

• Каковы, по-вашему, последствия применения допинга?

• Олимпиада — общественное мероприятие или коммерческое предприятие?

• Как вы считаете, нужно разрешить допинг в спорте или запретить?

⑤ **Разные мнения**

От допинга до наркотика — один шаг. Многие запрещенные стимулирующие препараты являются наркотическими средствами.

Антидопинговый контроль? Заловить кого-то перед стартом и после финиша малореально.

Стать олимпийским чемпионом — это классный вариант, чтобы заключить отличный рекламный контракт на всякую одежду, обувь, парфюмерию.

Жизнь коротка, особенно спортивная, и надо успеть сделать как можно больше. Денег.

2. Дети и профессиональный спорт

① Прочитайте текст

Мой двоюродный брат Ваня был общительным и добрым мальчиком. Но в семь лет у него обнаружился спортивный талант. Родители отдали его в спортивную школу. Ваню освобождали от уроков и заставляли тренироваться не меньше четырех часов в день, а иногда и по шесть. Наставники на него часто кричали. У тренера была палка. Если ребенок делал неправильный мах ногой или рукой, его не сильно, но внушительно били по конечности. За год мальчик превратился в нелюдимого, угрюмого типа. Когда к Ване прикасались, он вздрагивал. Забросил учебу, выглядел постоянно утомленным. Родители обратились к психологу, который после первого же приема посоветовал забрать его из спортивной школы. С Ваней пришлось работать почти два года, чтобы вернуть его в более или менее нормальное состояние.

(Огонёк, № 28, июль 1998 г.)

② Что это значит?

— наставники
— забросить учебу

③ Ответьте на вопросы по тексту

▲ Почему Ване потребовалась помощь врача?

▲ Какие средства используют тренеры в процессе подготовки будущих спортсменов?

④ Ваше мнение

• Кто, по-вашему, решает вопрос о спортивной карьере маленького человека?

• Какое влияние на психику человека оказывает спорт?

- Как вы думаете, когда лучше начать тренировать ребенка?

- Как, на ваш взгляд, влияют занятия спортом на развитие личности?

- Можно ли травматизм оправдать достигнутыми результатами?

- Каким, на ваш взгляд, должен быть тренер?

- Чтобы стать звездой в спорте, нужно родиться в спортивной семье?

⑤ Разные мнения

Руководитель российского отделения Ассоциации шаолиньских искусств Алексей Маслов. К нам часто приходят дети после различных секций. Как правило, они отстают от сверстников в интеллектуальном развитии. Не потому, что много внимания уделяют спорту. Просто у них сужается целевая установка в жизни. И эти дети, как правило, всегда психически травмированы. Нам требуется несколько месяцев, чтобы привести их в норму. Как-то к нам пришла одиннадцатилетняя девочка, талантливая спортсменка. Как только к ней подходил какой-нибудь тренер, она приседала и замолкала. Наши психологи долго выясняли, в чем дело. Оказалось, что в спортивной школе на нее постоянно кричали, угрожали, что выгонят, если она не выполнит нормативы, вызывали мать, которая давила на нее дома.

Профессиональный спорт неотделим от перегрузок, к которым ребенок физически просто не готов. Не рискуйте его здоровьем ради будущих успехов. Они не стоят его боли и страха.

Нацеленность только на спортивный результат нередко выбрасывает людей на обочину жизни, после того как они расстаются со спортом. Поэтому старайтесь, чтобы жизнь ребенка не замыкалась на спорте и спортивные цели не были единственными в его жизни.

Игорь Куринной, трехкратный чемпион мира по самбо, двукратный чемпион Европы по сумо. Любому ребенку спорт на пользу. Проблема в том, чтобы найти свой вид спорта. Выбрать его для ребенка могут и родители, и тренер. А лучше, когда делают это сообща. И последнее слово должно быть все-таки за самим ребенком. Ему должно быть интересно.

⑥ К вашему сведению

По данным Центра спортивной и балетной травмы и реабилитации Минздрава РФ, 98% призеров международных соревнований вместе с медалями получили тяжелейшие травмы. В этом центре за последние 45 лет прооперированы 16 300 спортсменов, 287 из которых занимали призовые места на Олимпийских играх, чемпионатах мира и Европы.

Павел Буре. Родился 31 марта 1971 г. в Москве. Хоккеист. Отец Владимир Валерьевич (пловец, бронзовый призер Олимпийских игр в Мюнхене в 1972 г., сын Валерия Владимировича, тоже в прошлом известного спортсмена, Заслуженного мастера спорта, потомок знаменитого часовщика Павла Буре). В семье Буре существовал культ спорта. Когда у Владимира родился первенец, Валерий Владимирович искренне переживал, что внука начали учить плавать слишком поздно — в трехмесячном возрасте. По его мнению, начинать приобщать ребенка к воде следовало не позже чем через неделю после рождения. Хоккейная карьера Павла начиналась в ЦСКА. К тому времени Владимир ушел из семьи, и воспитанием Павла и младшего сына Валерия занималась мать. По ее воспоминаниям, детство у детей было довольно суровым и малообеспеченным. Но ни Павел, ни Валерий никогда не переживали по этому поводу. Павлу и Валерию Буре принадлежит один из рекордов НХЛ: по количеству шайб, забитых за сезон родными братьями. По оценке специалистов, против Павла Буре соперники всегда действуют особенно жестко, зная, что он в одиночку способен переломить ход игры. Поэтому и травм хоккеист получает больше, чем кто-либо другой.

Марат Сафин родился 27 января 1980 г. в Москве, в семье, знающей о мире большого тенниса не понаслышке. Его мама —

Рауза Исланова — замечательная теннисистка, входившая в первую десятку лучших игроков СССР, ко времени рождения Марата была уже известным тренером в Спартаке; отец — Михаил Алексеевич Сафин — тоже работал в этом же клубе. Так что будущее Марата было заранее предрешено. С теннисом Сафин впервые познакомился в пять месяцев: ребенка не с кем было оставить, и мама привезла его на корт. Марат вырос на корте. Родители Сафина понимали, что для дальнейшего профессионального роста Марата, ему необходимо сменить тренера, и в 1994 г. воспользовались предложением швейцарских спонсоров и отправили сына в Испанию. Так 14-летний мальчик начал самостоятельную жизнь в чужой стране с другой культурой и языком, которого он абсолютно не знал.

Анна Курникова. Родилась 7 июня 1981 г. в Москве. Когда Анна начала играть в теннис, у нее не было и мысли о том, чтобы стать № 1 в мировом рейтинге. Анна никогда не принимала участия в теннисных турнирах с целью стать теннисной легендой, она ушла в профессиональный теннис без намерения снискать лавры знаменитости. Впервые Аня взяла в руки ракетку в возрасте пяти лет. Ее родители, Сергей и Алла, хотели, чтобы их дочь росла здоровой и принимала участие в спортивных соревнованиях, а также в спортивных еженедельных программах для детей. Анне сразу понравился теннис, но она никогда не представляла себя звездой. Только в возрасте семи лет Курникова осознала, что обладает неординарным талантом. Она стала более серьезно относиться к тренировкам. В 10-летнем возрасте во время выступления в Италии Курниковой была предложена стипендия теннисной академии Bolletieri в Брадентоне, Флорида.

(По материалам Интернета)

О ПОЛИТИКЕ

Борьба с коррупцией

① **Прочитайте текст**

Коррупция, или продажность власти, существовала, существует и будет всегда существовать там, где имеются государственные институты и органы власти, только в различных видах, объемах, сферах деятельности и уголовно наказуемых формах. В настоящее время коррупция, как никогда прежде, «разъедает» государственный механизм, создает благоприятные условия для процветания организованной преступности. В документах ООН коррупция определяется как «злоупотребление государственной властью для получения выгод в личных целях». Во взаимосвязи с организованной преступностью коррупция приобрела новый характер и невиданные масштабы. По мнению специалистов, Россия по уровню коррупции вышла на пятое место в мире.

(По материалам Интернета)

② **Что это значит?**

— коррупция
— ООН

③ **Ответьте на вопросы по тексту**

▲ Где существует коррупция?

▲ С чем взаимодействует коррупция?

④ **Ваше мнение**

- Что такое коррупция?

- Как вы думаетет, какие органы государственной власти сильнее подвержены коррупции?

- Кто, на ваш взгляд, больше всего страдает от коррупции?

- Кто, по-вашему, не заинтересован в борьбе с коррупционерами?

- Что вам известно о ведении антикоррупционной деятельности в разных странах?

- Как противодействовать коррупционерам?

- Что вы думаете об общественных советах по борьбе с коррупцией?

- Есть ли у коррупции национальные особенности?

⑤ **Разные мнения**

КАК БОРОТЬСЯ С КОРРУПЦИЕЙ?

В. Жириновский, лидер Либерально-демократической партии России. Я уже давно предлагал ввести чрезвычайное положение.

В. Кириченко, управляющий отделением «Зеленоград» Московского фондового центра. Начинать надо с головы и действовать очень твердо. Речь не о том, чтобы посадить, расстрелять, не надо чрезвычайно жестких мер, надо быть твердым и идти до конца, не оглядываясь на авторитеты.

М. Лапшин, экс-председатель Аграрной партии России. Чтобы бороться с коррупцией, прежде всего надо этого хотеть. А у нас сегодня ни одна госструктура делать этого не желает и просто боится. Уж слишком замараны все.

Е. Лахова, депутат Государственной думы, председатель Общероссийского политического движения «Женщины России», член

Координационного совета предвыборного блока «Отечество — Вся Россия». С коррупцией надо бороться, прежде всего, строго следуя предписаниям закона, соблюдая закон — один для всех, независимо от чинов, должностей и званий. Это самое эффективное средство.

Л. Лемко, зампрефекта Зеленоградского административного округа. Закон должен быть на первом месте и главенствовать невзирая на личности. Никто не равен закону. Предприниматель готов заплатить клерку, от которого зависит, сколько будут его документы ходить по инстанциям — 3 месяца или 3 дня. Поэтому, во-первых, необходимо жестко дисциплинировать чиновников, а во-вторых, необходимо обеспечить достойную оплату труда государственным служащим, чтобы страх за потерю рабочего места был сильнее желания получать взятку. Почему в Америке полисмены не берут взятки? Вот и ответ.

А. Починок, руководитель Министерства по налогам и сборам РФ. Только развитием экономики и последовательным ограничением роли государства в ней.

И. Хакамада, лидер блока «Союз правых сил». Прежде всего нужно бороться с чиновниками и чиновничьей властью. Вся коррупция идет от чиновничьей власти.

И. Юргенс, президент Всероссийского союза страховщиков. Как можно более жестко, вплоть до расстрелов.

(По материалам Интернета)

2. ВЗЯТКА

① **Прочитайте текст**

Грустно признаваться, но тотальное <u>взяткодательство</u> и <u>взяткобрательство</u> — часть нашего «национального характера», насчитывающая не одну сотню лет. Поэтому мы всегда снисходительно относимся и к тем, кто берет, и к тем, кто дает. И до недавнего времени так можно было бы жить и дальше. Но сегодня <u>взятка</u> напрямую угрожает нашей безопасности. Мы платим «добавку» за справку, за регистрацию малого предприятия, за сдачу экзамена, а террорист — за чистый паспорт, за регистрацию в городе, за проезд машины без досмотра (с гексогеном).

Взятки прочно освоились в нашей жизни. С их помощью можно проехать на красный свет или разгуливать по Москве без регистрации. С одной стороны, мы вправе предъявлять претензии и требования к властям, которые обязаны бороться со <u>взяточничеством</u>. С другой стороны, многие из нас частенько сами злоупотребляют «бедственным» положением, скажем, сотрудников <u>ГАИ</u> и предпочитают отделаться несколькими сотнями на месте, чем <u>мотаться</u> по отделениям милиции и стоять в очереди в сберкассе. Но ошибается тот, кто считает себя чистым, полагая, что такие «мелочи» никак не сказываются на ситуации в целом. Мол, «настоящие» взятки — это более высокий уровень, и повлиять на это мы не в силах. Но ведь большое, как известно, начинается с мелочей. Если сегодня самим перестать «подкармливать» мелких чиновников и <u>гаишников</u>, это неизбежно скажется и на более высоком уровне.

(АиФ, Москва, № 38, 2004 г.)

② Что это значит?

— взяткодательство
— взяткобрательство
— взятки
— взяточничество
— ГАИ
— мотаться
— гаишник

③ Ответьте на вопросы по тексту

▲ Зачем нужны взятки?

▲ В чем опасность взятничества?

④ Ваше мнение

- Что такое взятка?

- Что вы думаете о возможности договориться с помощью денег?

- Взятничество — это черта характера?

- Как по-вашему, кто и за что вымогает деньги?

- Как вы думаете, какое наказание должно быть за вымогательство?

- Есть мнение, что если поднять зарплату чиновникам и работникам правоохранительных органов, то взятничества не будет. Согласны ли вы с этим мнением?

- Какое наказание, на ваш взгляд, должно быть за дачу взятки?

- Выскажите ваше мнение относительно слов автора статьи, что «сегодня взятка угрожает нашей безопасности».

- Чья это обязанность — борьба со взятками?

- Как, по-вашему, можно искоренить взятничество?

⑤ Разные мнения

Степан Орлов, депутат МГД. Прежде всего необходимо увеличить материальную и социальную заинтересованность чиновников. Если госслужащий не будет получать достойную зарплату и весомый соцпакет, у него не останется другого выбора, как брать. И, конечно же, необходимо повышать престиж госслужбы, чтобы человек держался за свою должность не из-за возможности собирать «дань», а потому, что работать для него на благо государства — большая честь.

Наум Клейман, директор Музея кино. Люди должны принять за моральное правило: не беру и не даю. Уверен, что есть категория людей, которые готовы сказать взяткам «нет». Что касается поднятия зарплат чиновникам, это не спасет ситуацию. Чем выше зарплата, тем больше сумма взятки. Это же вопрос воспитания и нравственности. Конечно, нищенский доход провоцирует искушение. Но это никак не оправдывает чиновников и сотрудников правоохранительных органов, которые далеки от понимания того, что такое честь.

Степан Орлов, депутат МГД. Ужесточить наказание — одна из мер, которая, безусловно, может оказать положительное влияние. Возможно, на этом фоне важную роль смогут сыграть громкие процессы, связанные с получением или дачей взятки.

Сергей Г., сотрудник ГУСБ МВД РФ. Взятки были всегда, но чтобы в таком масштабе, честно говоря, не припомню. Избавиться от них так же нелегко, как поднять страну. Ужесточением наказаний и повышением окладов делу не поможешь. Прежде всего нужен жесткий отбор кадров в правоохранительные органы. Необходимо добиться того, чтобы у сотрудника даже мысли не возникало о взятке. Он должен понимать, что защищает людей, осознавать всю ответственность и гордиться своей работой. Второе: необходимо устранить негативные примеры на уровне руководства. Вот, скажем, приходит человек на службу, видит, как берет «товарищ капитан», как берет начальник отдела, на каких машинах ездит его руководство, а у него дома детей кормить нечем.

Сергей Арцибашев, художественный руководитель Театра им. Вл. Маяковского. Чтобы искоренить взяточничество, вряд ли нужно акцентировать внимание на сознательности граждан и убеждать их в том, чтобы они перестали давать «на лапу». Меры должны быть другими — государственными. Сама наша жизнь нуждается в таком устройстве, чтобы не хотели ни брать, ни давать. Можно ли сделать так? Наверное, нет.

Евгений Хавтан, музыкант. Избавиться от взяток в нашей стране нельзя, во всяком случае, не надо делать это резко. Потому что тогда рухнет целый политический строй — это все равно что выбить из-под России фундамент. Взятки стали настолько привычными, что я, например, даже не представляю себе, как без них что-то может существовать.

(АиФ, Москва, № 38 (584) от 22 сентября 2004 г.)

КАК ВЫ ДУМАЕТЕ, ЧТО ОБЫЧНО ЧУВСТВУЕТ ЧЕЛОВЕК, КОГДА ДАЕТ ВЗЯТКУ? (% к числу опрошенных)

1. благодарность за услугу 12,4

2. надежду, что его вопрос будет решен 56,4

3. стыд 18,4

4. негодование 15,1

5. унижение 28,8

6. не испытывает особых чувств 11,4

7. затрудняюсь ответить 10,2

(ВЦИОМ, общероссийский опрос, ноябрь 1999 г.)

3. Свобода слова и ее ограничение

① **Прочитайте текст**

Никакой механизм не сделает государство сильным, если не будет свободной прессы. Нынешней власти должно быть выгодно иметь свободную прессу — злую и кусачую. И совершенно невыгодно, если вся пресса только и будет делать, что убаюкивать и усыплять общество. Оппозиционная журналистика, как и оппозиция вообще, — страховка для государства и гарантия его выживания. Кто, как не журналисты, укажут власти на ошибки, которые она делает или собирается сделать? Только свободные от диктата власти средства массовой информации. Нельзя глубоко знать общественное мнение и управлять страной только с помощью спецслужб. По-настоящему что-то изменить в России можно, только воздействуя на психологию людей. Только из суммы различных мнений рождается прогресс, движение вперед. А вся широта мнений может быть представлена только в печати. В чем секрет устойчивости демократий в США, Германии, Великобритании, Франции? В многопартийности и наличии свободной прессы. У каждой партии есть свои газеты и телеканалы. Правящая партия ни на минуту не может расслабиться — конкуренты начеку. Она вынуждена крутиться, исправлять ошибки.

(АиФ, № 21 (1022) от 24 мая 2000 г.)

② **Что это значит?**

— диктат
— средства массовой информации
— спецслужбы
— быть начеку
— крутиться

③ **Ответьте на вопросы по тексту**

▲ Зачем, по мнению автора, нужна свободная пресса?

▲ Какими должны быть средства массовой информации?

④ **Ваше мнение**

• Что значит «свободная пресса»?

• Зачем нужна свободная пресса?

• Надо ли ограничивать свободу СМИ?

• В каких случаях вы можете допустить контроль правительством СМИ?

• Считаете ли вы правильным, что правительства ограничивают свободу слова?

• Автор статьи убежден, что нынешней власти должно быть выгодно иметь свободную прессу — злую и кусачую. Что вы об этом думаете?

• Почему, на ваш взгляд, пресса убаюкивающая и усыпляющая общество невыгодна правительству?

• Кто должен защищать прессу в случае нападок на нее?

• Как вы думаете, когда было больше свободы слова: в советское время или сейчас? Аргументируйте свою точку зрения.

- Какая, на ваш взгляд, разница между произволом и свободой?

- Свобода слова — это, по-вашему, принцип демократии?

- Есть ли, на ваш взгляд, угроза свободе слова в России?

⑤ Разные мнения

Владимир Познер. Я за свободное общество. Нет чувства, что люди в России к свободе непригодны. Своя история, своя культура — это, конечно, накладывает отпечаток. Но сути не меняет. В России до последнего времени свободы вообще не было. И теперь это понятие в массовом сознании извращено. Свободу понимают как волю. Воля — как хочу, так и буду делать! Хотя подлинной свободой тут и не пахнет.

(АиФ, № 13, март 2004 г.)

Валентин. Я считаю, что свобода слова не исключает цензуры по следующим соображениям: первое — потребитель имеет право на доброкачественную, правдивую, полезную информацию. Второе — кто-то должен контролировать морально-этический аспект распространяемой информации. И третье — новые, необычные идеи следует доводить до массового сознания постепенно, иначе они не будут восприняты.

Геннадий Губин. Свобода слова — один из важнейших элементов демократии, и ее можно частично ограничивать лишь в каких-то чрезвычайных ситуациях. Но зачастую, прикрываясь свободой слова, с экранов и полос вещают мальчишки-репортеры, неся всякую чушь. Для большинства журналистов желание засветиться важней простых человеческих чувств сострадания и сопереживания. Наверное, сами журналисты должны выработать жесткий корпоративный кодекс поведения в экстремальных ситуациях.

Римма Нахушева. СМИ, в высоком и чистом смысле этого слова, ограничивать в свободе нельзя. Но должна быть журналистская этика и ответственное отношение к достоверности информации.

Мухамед Пшибиев. Если не брать случаи, связанные с чрезвычайными ситуациями и необходимостью сохранения гостайны, то ограничивать свободу СМИ ни в коем случае нельзя.

Петр Иванов. Любое ограничение свободы СМИ ведет к сокрытию важной для общества информации. В случаях, когда излишнее осведомление широкой публики мешает профессионалам в ликвидации терроризма, когда это связано с безопасностью страны, система СМИ должна прийти к самоограничению.

Анатолий Кравченко. В СМИ всех уровней много недостоверной и необъективной информации. И потому определенные ограничения необходимы.

Роберт Кочесоков. Со стороны государства нет необходимости их ограничивать, поскольку имеющихся законов о СМИ вполне достаточно. Но необходим самоконтроль СМИ и журналистов, исходя из становления и развития гражданского общества и укоренения основ демократии.

Шамшудин Отаров. Свобода СМИ должна быть ограничена только зоной правды. И если она кого-то не устраивает, значит, следует менять реалии, а не умалчивать о злободневных проблемах. С другой стороны, зрителю и читателю не нужны комментарии, требуется только независимый взгляд с разных позиций.

(Газета Юга (Кабардино-Балкария), 6 ноября 2002 г.)

4. Источники финансирования партий

① **Прочитайте текст**

— *Задолго до старта предвыборной кампании некоторые олигархи заявляли, что финансируют партии. В каких пределах закон это допускает?*

— Партия или блок может потратить не более 250 млн руб. По сравнению с прошлыми выборами сумма увеличена в 6 раз. Для кандидата-одномандатника предел — 6 млн руб. Пиарщики, которые говорят, что мало, лукавят. Не надо забывать нашу российскую особенность. У нас много государственных СМИ. Они обязаны давать бесплатное эфирное время и печатные площади всем партиям и кандидатам. А это стоит дорого. На прошлых выборах получилось около 30 млн руб. на партию.

— *Еще не объявили выборы, а многих уже «достали» партийные ролики на ТВ и аллеи рекламных щитов на улицах. Будет ли ЦИК отслеживать, откуда партии берут огромные средства на раскрутку?*

— Партии обязаны давать финансовый отчет по итогам года. Сейчас они эти отчеты сдали в Министерство по налогам и сборам. По закону ЦИК запросит копии и результаты проверки. Все средства избирательного фонда тоже будут прозрачны: сколько от кого поступило, сколько и куда потрачено. Я не идеалист — наверняка кто-то начнет что-то скрывать. Но, во-первых, понятно, что кандидаты сами будут ловить друг друга на нарушениях и сообщать нам. Во-вторых, если нарушения правил финансирования избирательной кампании будут вскрыты, в том числе и с помощью контрольно-ревизионных служб избиркомов, то могут последовать санкции, вплоть до отмены результатов выборов такого списка кандидатов. Впервые в истории России введена и уголовная ответственность за финансовые нарушения в крупных размерах.

(АиФ, № 37 от 10 сентября 2003 г.)

② **Что это значит?**

- олигарх
- кандидат-одномандатник
- пиарщик
- СМИ
- достать (кого? что?)
- ЦИК
- раскрутка
- избирком

③ Ответьте на вопросы по тексту

▲ Существуют ли ограничения на партийное финансирование?

▲ Каким образом партии отчитываются за потраченные деньги?

▲ Кто контролирует финансовые средства партий?

▲ Чем грозят партиям финансовые нарушения?

④ Ваше мнение

• Кто должен финансировать партии?

• На основе чего следует распределять деньги налогоплательщиков между различными политическими партиями?

• Следует ли разрешать частное финансирование политических партий?

• Какие меры предосторожности следует принять, чтобы политические партии не стали зависеть от тех людей и организаций, которые финансируют деятельность партий?

• Должны ли политические партии получать деньги от государства?

• Следует ли государству финансировать только партии, представленные в парламенте, или все партии без исключения?

• Следует ли финансировать независимых (внепартийных) кандидатов?

• По каким критериям определяется список финансируемых партий: количество членов, количество членов парламента от партии, число голосов на выборах?

• Что делать с малыми партиями, которые находятся на краю политического спектра?

• Что вы думаете о так называемом косвенном финансировании — налоговые льготы, разрешение частным донорам вычитать из налогооблагаемой базы пожертвования партиям или приказ частным и государственным вещателям предоставлять партиям эфир для пропаганды своих взглядов?

⑤ Разные мнения

Александр Вешняков, председатель Центральной избирательной комиссии (ЦИК РФ). Политические партии должны быть массовыми и финансироваться государством. Если они доказали, что пользуются поддержкой избирателей, значит они должны пользоваться поддержкой государства.

(Национальная служба новостей, 12 сентября 2000 г.)

Геннадий Зюганов, секретарь ЦК КПРФ. Что касается мировой практики, то везде в развитых странах, где есть демократия, существует государственное финансирование партий в зависимости от того, сколько голосов они набрали. Если этого нет, то вы будете зависеть от финансов Березовского, Мамута, Абрамовича, от разного рода мерзавцев, которые все выборные процессы превратили в сплошную грязь, подкуп и идиотизм. С другой стороны, общество пока не готово к тому, чтобы было госфинансирование партий.

(АиФ, выпуск 17 (1070) от 25 апреля 2001 г.)

Диева М.Б., директор детского сада. Почему партии должны финансироваться из государственного бюджета, как будто не существует других забот, как то: образование и медицинское обеспечение? Почему налоги, которые я плачу, должны идти на поддержание партий, которые я лично не поддерживаю и не буду за них голосовать?

5. Выборы

① **Прочитайте текст**

Русский народ известен своим долготерпением. Это его свойство проявляется и в оценке такого важного института демократии, как выборы, которых в последнее время становится все больше и больше. Несмотря на окончательную дискредитацию избирательных процедур властью и крупными финансово-промышленными кланами, превратившими выборы в арену бизнес-конкуренции, народ по-прежнему считает, что ему полезно время от времени превращаться в электорат. Согласно исследованию Фонда «Общественное мнение», 73 процента респондентов полагают, что выборы необходимы. Каждый четвертый из опрошенных сомневается в том, что его участие в выборах хотя бы что-то изменит. Многие же, например, считают необходимым участвовать в выборах, чтобы их воля была выражена, а мнение — учтено (22 процента опрошенных). 13 процентов рассчитывают на то, что в результате выборов руководителями могут стать «достойные люди». Голосуют граждане по идейным мотивам, по причине собственной политической активности и в силу привычки. Меньшее число стремится проголосовать, чтобы не допустить фальсификаций и негативных последствий неучастия. А большинство (почти 40 процентов!) попросту не могут проанализировать причины, по которым они отправляются в кабинку для голосования. Получается, что для многих выборы — это ритуал, нормативная ценность еще с советских времен.

Тем не менее выборы начали гнить, причем снизу, с местных и региональных уровней. В федеральных выборах есть игра на интерес, а вот местные скучнее и потому бессмысленнее. Отсюда и катастрофически убывающая посещаемость. Неоправданная трата денег, ни на что не влияют, предсказуемы, фальсифицированы. Таковы качественные оценки выборов со стороны тех, кто считает, что выборы не нужны. Электоральная статистка подтверждает, что вне зависимости от географии на всех региональных выборах резко упала явка избирателей и выросло голосование «против всех». Политические апатия и цинизм, протестное поведение — таковы характеристики настроений и действий электората, сомневающегося в собственном влиянии и подозревающего власть и крупный бизнес в избирательном сговоре.

Такой электорат, с одной стороны, удобен по части манипуляций и фальсификаций: безразличный избиратель не станет копаться в причинах и следствиях результата выборов. С другой стороны, нарастание недоверия может поставить под вопрос легитимность любых выборов. И это станет серьезным вызовом для власти, увлеченной решением проблемы управляемости.

(Консерватор, № 12 от 22 ноября 2002 г.)

② Что это значит?

— выборы
— электорат
— респонденты

- федеральные выборы
- местные выборы
- копаться (в чем?)
- легитимность

③ Ответьте на вопросы по тексту

▲ Что заставляет людей идти на выборы?

▲ По каким причинам избиратели не являются на пункты голосования?

④ Ваше мнение

- Зачем проводятся выборы?
- Как дискредитирует себя институт выборов?
- Что вы думаете о людях, которые не приходят на избирательные участки?
- К чему может привести неучастие граждан в выборах?
- Как обеспечить явку избирателей на выборы?
- В российской конституции написано, что избирать и быть избранным — право, а не обязанность граждан России. Должно ли стать обязанностью избирательное право?
- Какие, на ваш взгляд, выборы важнее: в местные органы власти или федеральные?
- В чем, по-вашему, проявляется политическая активность граждан?

⑤ Разные мнения

ВЫ ПОЙДЕТЕ НА ВЫБОРЫ? И ПОЧЕМУ?

Степан Анастасович Микоян, ветеран войны, Герой Советского Союза. Конечно, пойду! Потому, что я — гражданин России. Я считаю, что каждый должен обязательно высказать свою волю как избиратель.

Владимир Леонардович Матецкий, композитор. Обязательно, я всегда участвую в выборах. Хочу тем самым выразить свое отношение к тому, что происходит в нашей стране.

Ольга Георгиевна Дониченко, директор школы № 1323, советник муниципального Собрания. Я пойду в надежде, что мой голос может что-то решить. Потому что, если занять «уклонистскую» позицию, то потом придется роптать только на себя.

Виктор Максимович Васин, фотограф. Я просто обязан пойти. Некоторые рассуждают так: «ничего от моего голоса не зависит» Я, напротив, не думаю, что от меня ничего не зависит. Вспомните русскую народную сказку «Репка», когда сильные мира сего не могли вытащить репку, а решающей стала помощь (в нашем случае голос) маленького мышонка. Мой принцип: если не я, то кто же?

Геннадий Григорьевич Насонов. Я всегда сознательно хожу на выборы, потому что хочу участвовать в созидании нашего Отечества, его будущего. Если я не пойду, то мой голос может быть использован в другом направлении.

(Вестник Замоскворечья, 2003 г.)

Андрей Болтянский, кандидат физико-математических наук, доцент. Честно говоря, я еще до конца не решил, пойду я или не пойду на следующие выборы. С одной стороны, я достаточно долго активно занимался политикой, организовывал избирательные кампании, а в 1990—1993 годах был депутатом Санкт-Петербургского городского Совета и потому хорошо понимаю важность и ответственность участия в выборах. Но с другой стороны, в последнее время деятельность власти вызывает у меня все больше сомнений. И не только сомнений, но и разочарований.

Анна, студентка юридического факультета 2 курса. Политической жизнью я мало интересуюсь и не думаю, что в России после выборов что-то изменится в лучшую сторону. А для меня выборы — это не самый главный и важный шаг в продвижении к намеченной цели.

Олег. Не пойду на выборы. Мой голос мало на что повлияет. Выберут тех, кого нужно. Огромные капиталы направляются на то, чтобы получить от голосования желаемый результат.

Анна Вячеславовна. Я на выборы не хожу. За какую партию ни голосуй, зарплату они мне все равно не увеличат!

(Московские новости, № 43, 2003 г.)

Сергей Шойгу, лидер «Единой России», глава МЧС. Человека, который трижды без уважительной причины не придет на выборы, надо лишать российского гражданства. Если он не хочет выбирать власть, значит, ему безразлично, в какой стране жить.

(Газета.ру от 5 ноября 2003 г.)

Александр Вешняков, председатель Центральной избирательной комиссии РФ. Проблему неявки нужно решать не вводом штрафов или лишением гражданства, а только путем уважительного отношения к нашим гражданам.

(По материалам Интернета)

⑥ К вашему сведению

Агентство социальной информации провело опрос жителей Санкт-Петербурга. Мнение горожан:

50%: голосование — гражданский долг,
40%: голосование — личное дело каждого.

(Час пик от 4 июля 2003 г.)

О СРЕДСТВАХ МАССОВОЙ ИНФОРМАЦИИ (СМИ)

1. Мифы о СМИ

① **Прочитайте текст**

Миф первый: СМИ — это четвертая власть. Тем более в России, где и остальные три конституционные ветви (законодательная, исполнительная, судебная) пока еще не составляют мощное и могучее государственное древо. Если власть — это нормативное право распоряжаться ресурсами общества и определять правила его существования, то СМИ — это скорее инструмент. Весь вопрос — кому принадлежит тот или иной инструмент: государству, партии, олигарху или группе частных лиц.

Миф второй: государственных СМИ не должно быть, так как у власти возникает возможность манипулирования общественным мнением. Российская практика как раз наоборот показала, что до некоторых пор общественным мнением манипулировали медиамагнаты при попустительстве или умолчании государственных институтов власти. Рецепты для лечения этой части болезни есть. Их, как минимум, два. Первый — наряду с государственными СМИ на рынке действуют частные компании (нет монополии). Второй — федеральные и территориальные СМИ, охватывающие более 20 процентов населения, должны иметь наблюдательные или общественные советы в виде коллегиальных органов, представляющих основные общественные силы, независимо от форм собственности самих СМИ.

Миф третий: все СМИ, по определению, должны быть оппозиционны к институтам власти. Очень хорошо, если у оппозиции будут свои оппозиционные СМИ, и очень плохо, если у власти не будет возможности высказать свою позицию <u>без купюр</u>. Нам, государственным СМИ, не надо стыдиться, что мы обслуживаем власть. Гораздо важнее другое: взаимоотношения должны строиться на строго договорных и законодательных основах и управляться компании не должны по телефонным звонкам чиновника, который «воспитывает» руководителя СМИ за неудачный, по его мнению, сюжет в новостях.

Миф четвертый: количество СМИ определяется количеством потенциальной рекламы. «Реклама — наша независимость и гарант свободы слова», — утверждают иные поборники демократии. Но вот как получается на практике. «Что вы наделали? — испуганно восклицает продюсер на просмотре готовой передачи. — Ведь господин N наш крупный рекламодатель!» В нашем российском доме все так переплетено и запутано. Депутат или сам является руководителем фирмы, или <u>лоббирует</u> чьи-то <u>интересы</u>. Какой-либо государственный чиновник трепетно заботится об <u>имидже</u> совсем не государственного предприятия <u>и т.д. и т.п.</u>

(ВЕСТНИК ВГТРК, 19 марта 2002 г.)

(2) **Что это значит?**

— СМИ
— олигарх
— медиа-магнаты
— федеральные СМИ
— территориальные СМИ
— без купюр
— лоббировать интересы
— имидж
— и т.д. и т.п.

(3) **Ответьте на вопросы по тексту**

▲ Какие мифы о средствах массовой информации перечисляются в тексте?

▲ Почему, по мнению автора, СМИ в России не являются четвертой властью?

▲ Зачем власти государственные СМИ?

④ **Ваше мнение**

• Как вы думаете, какую роль СМИ играют в обществе сегодня и какими бы вы хотели их видеть?

• В чем реальная сила так называемой «четвертой власти» сегодня — кому она служит?

• Как вы считаете, должны ли СМИ давать полную картину происходящего?

• Как, на ваш взгляд, можно добыть интересную и надежную информацию?

• Этические пределы, которые не должен преступать журналист. Кто должен это регулировать? Где, на ваш взгляд, граница между государственными интересами, профессиональным долгом журналиста и интересами общества?

• Как, по-вашему, должны строиться отношения между СМИ и государством?

• Как работает журналист в городе N, кто становится героями его теле- и радиорепортажей? Что должно попасть на первую полосу местной газеты?

• Где заканчивается частная и начинается публичная жизнь — в том числе обыкновенных граждан?

• Насколько, по-вашему, частная жизнь политика должна быть открыта для общественного контроля?

• Как вы думаете, журналист на войне — очевидец или участник событий? Может ли «экстремальная журналистика» оставаться объективной?

• Разные источники финансирования СМИ. Ваше мнение: как сохранить редакционную независимость от тех, кто платит?

• Как новые технологии повлияют на будущее СМИ и свободу выбора потребителя?

⑤ **Разные мнения**

Борис Грызлов, министр внутренних дел РФ. На мой взгляд, журналистика современной России — это система информирования не только общества, но и власти. Довольно часто я узнаю о тех или иных событиях в собственном ведомстве или у своих коллег сначала из сообщений информагентств и телевидения, а затем уже от своих подчиненных. Журналистика делает работу государства максимально открытой, понятной для граждан, которые оплачивают деятельность государства собственными налогами. Можно до бесконечности спорить о том, как необходимо соотносить факты и авторский комментарий. На мой взгляд, недопустимо одно — манипуляция сознанием. Журналистика — это тоже своего рода правоохранительная деятельность. Кстати, согласно УПК публикация в СМИ может являться поводом для возбуждения уголовного дела. Более того, во всем мире работа журналиста считается не менее опасной, чем работа полицейского.

(Российская газета, 2002 г.)

Геннадий Гудков, депутат Госдумы, член комитета ГД по безопасности. СМИ — это четвертая власть, это власть над умами, над душами, над мировоззрением, над идеологией. И эта власть должна быть разумной, она должна быть направлена во благо, а не во вред. А сегодняшние телеэкраны превратились в кормушку для определенных людей, для скармливания населению рекламы.

(Маяк, 27 мая 2003 г., 18:04)

Сергей Зелинский, главный редактор «Комсомольской правды». Мы имеем такую свободу слова, о которой говорил Ленин: мы все зависим от денежных мешков.

Борис Клементьев, редактор независимой газеты «Метро». Власть должна выходить на диалог и позволить СМИ выступать с критикой.

Борис Конашенко, Генеральный директор газеты «Метро». Исполнительная власть должна развивать институт PR, чтобы СМИ не испытывали вакуум от нехватки информации о деятельности городской администрации.

Александр Соколов, аспирант ЯРГУ им. П.Г. Демидова. Я бы не стал говорить, что СМИ является четвертой властью. В нашей области очень много различных организаций и структур, которые в политологии называются институтами. Один из таких политических, но не властных институтов — это СМИ. СМИ — это институт, действующий в политической сфере, и никакими властными полномочиями юридически закрепленными он не обладает и обладать не будет. С одной стороны, это ставит современных людей в непосредственную зависимость от СМИ. Быть «в курсе событий» сегодня не просто престижно, а жизненно необходимо. По данным статистики, более половины речевых коммуникаций не состоялось бы без информационного повода, заданного СМИ. Иными словами, не будь газет, телевидения и интернета, нам просто не о чем было бы друг с другом поговорить. Кроме того, нынешний век высоких скоростей требует от людей такой же «скоростной» организации жизни: еду мы готовим из полуфабрикатов, одежду не шьем, а покупаем, новости не случайно узнаем через знакомых, а в компактном виде получаем из СМИ. За последнее столетие люди в своей общей массе даже разучились самостоятельно формулировать собственное мнение. В наши дни за них это благополучно делают пиарщики, политтехнологи, рекламные агенты. Именно эти «создатели» общественного мнения сделали информацию дорогостоящим рыночным товаром, тем самым многократно увеличив ее мировое значение.

Евгений Ермолин, профессор ЯГПУ им. К.Д. Ушинского, журналист, критик. Можно сожалеть, что в критических ситуациях журналистское сообщество, СМИ не находят рычагов воздействия. В этом журналисты схожи с общественниками. Мы не можем говорить о СМИ как четвертой власти ввиду того, что ресурсы ее независимости чрезвычайно ограничены. Проблема во многом в другом. Наше общество, склонное принимать разные точки зрения, взвешивать их и вырабатывать свои решения, не очень многочисленно. Большая часть общества живет стереотипами. Режим дискуссии крайне ограничен.

Павел Зарубин, политолог, заместитель главы Ростовского МО по управлению и стратегическому развитию. Считаю, что СМИ не могут быть четвертой властью потому, что они не являются независимыми на данный момент прежде всего от государственной власти. Если СМИ сливаются с властью и являются обслуживающим ее механизмом, они никак не могут быть самостоятельной силой. К сожалению, даже на региональном уровне эта тенденция проявляется все больше и больше. На федеральном уровне все телеканалы находятся под жестким контролем государства. СМИ — это обслуживание личных интересов людей, кланов, политических сил. СМИ может обслуживать чьи-либо бизнес-интересы, но как только они выходят на политический уровень, тут же принимаются меры. СМИ могут быть независимы от власти за счет экономики. Цель СМИ — информирование, а не какое-либо идеологическое влияние.

Ростислав Туровский, руководитель департамента региональных исследований Центра политических технологий. Местные СМИ мало кому известны за пределами региона, но именно их вправе называть «четвертой властью». Это они живут потребностями отдельно взятого человека, рассказывают о местных новостях и слухах, а также предлагают собственную интерпретацию «московских» событий, которая зачастую оказывает большее влияние на общественное мнение, чем трактовки общероссийских газет.

(По материалам Интернета)

2. Реклама

① **Прочитайте текст**

Зачем нужна реклама? Конечно же, чтобы мешать нам смотреть кино.

Рекламные лозунги порой бывают довольно странными. А некоторая реклама просто пугает. Хотя, конечно, всем ясно, что <u>без</u> рекламы <u>не обойтись</u>. Ведь без нее у телеканалов попросту не было бы денег на новые фильмы и передачи. Поэтому постарайтесь найти в ней положительные черты.

В конце концов, не вся реклама одинаково отвратительна. Есть и вполне милые <u>ролики</u>. Например, реклама «Спрайта», в которой злобные хоккеисты <u>дубасят</u> клюшками ни в чем не повинного фигуриста. Кстати, я заметила, что мне и моим знакомым больше нравятся садистские ролики. Наверное, потому, что, увидев на экране очередного рекламного персонажа, аппетитно жующего какую-нибудь дрянь, так и хочется крикнуть ему: «Чтоб ты подавился!» Героям же этих роликов ничего кричать не надо — им и так плохо.

А у моих знакомых, например, маленький ребенок засыпает только под звуки телерекламы. Наверное, это единственные люди, которые записывают рекламу на видеокассету. Но, если она хоть кому-нибудь нужна, значит, она имеет право на существование.

(АиФ, Дочки-Матери, выпуск 3 (157) от 16 января 2001 г.)

② **Что это значит?**

— (не) обойтись без (кого? чего?)
— ролик
— дубасить

③ **Ответьте на вопросы по тексту**

▲ Какое воздействие оказывает реклама?

▲ Есть ли у рекламы положительные черты?

④ **Ваше мнение**

• Как вы думаете, реклама — это изобретение XX века?

• Федерико Феллини о рекламе: «Эти маленькие сюжеты делать ничуть не проще, чем полнометражные фильмы». А что вы об этом думаете? Так ли примитивна реклама?

• Психологи считают, что эффект воздействия основан на манипуляции человеческим сознанием. Согласны ли вы с тем, что реклама манипулирует нами?

- Какая реклама более действенна, на ваш взгляд: по радио, в газетах, на улице, телереклама?

- На что, по-вашему, направлена реклама?

- Есть мнение, что реклама лишает человека выбора. Что вы об этом думаете?

- Зомбирует реклама или информирует?

- Где, в каких передачах, по-вашему, не должно быть рекламы?

- Можете ли вы предложить средство, как спастись от рекламы?

⑤ Разные мнения

Олег Газманов, певец. При слове «реклама» у меня уже аллергия начинается. Хочется срочно бежать куда-то и покупать какие-то памперсы. Переключаю телевизор на другой канал, а там то же самое. Я чувствую дикий рекламный прессинг. Мне кажется, что это переходит уже все санитарные нормы. Хотя, например, видеоклип, если он сделан талантливо, с одной стороны — произведение искусства, а с другой — неотъемлемая часть шоу-бизнеса. Ведь даже ролик к песне — отчасти реклама.

(АиФ, Дочки-Матери, выпуск 3 (157) от 16 января 2001 г.)

Андрей Кончаловский, режиссер. Если фильм зрителю интересен, то он помнит, что впереди рекламная пауза. Поэтому я уже строил фильм с учетом будущих рекламных вставок. Просто нужно перед их началом подвесить зрителя на крючок, не дать ему во время паузы растерять свой интерес. Не многие режиссеры, снимая фильм, учитывают то, насколько органично войдет рекламный ролик в его детище. И на это мы, зрители, реагируем соответственно.

Агентство КОМКОН-2 провело социологический опрос среди населения от 10 лет и старше. «Я с удовольствием смотрю по ТВ хорошо сделанную рекламу!» — сказали 53% молодых и 43% людей старшего возраста. «Мне нравится смешная реклама!» — так заявило 68% населения старше 10 лет.

Игорь Рожков, доктор наук, профессор МГИМО, член Общественного совета по рекламе. В США на каждого человека в день приходится порядка 2000 рекламных обращений. У нас эта цифра на два порядка меньше, так что в России — рекламный вакуум.

(АиФ, Здоровье, выпуск 46 (327) от 15 ноября 2000 г.)

3. Экстремальное телевидение

① **Прочитайте текст**

ТВ сегодня больше, чем СМИ или сфера досуга. Давно не посредник, а непосредственный участник всех социальных процессов. Без него — ни выиграть войны, ни принять законы, ни сменить правительство. Но главное — незаменима роль телевидения в создании психологической атмосферы по ту сторону экрана. В распространении — в значимом пространстве — смыслов, программирующих поведение и реакции зрителей.

Почему вдруг все федеральные телеканалы (кроме «Культуры») в этом году запустили в эфир исключительно криминальные сюжеты? Вечерние выпуски новостей чуть ли не на треть заполнены рассказами о побегах, убийствах, арестах, тюрьмах, судах — всех видах насилия. Потом — след в след — идут специальные выпуски на уголовные темы: «Криминал», «Криминальная Россия», «Агентство криминальных новостей», «Дежурная часть», «Петровка, 38», «Дорожный патруль», «Состав преступлений», а еще «Преступление и наказание», «Человек и закон», «Независимое расследование».

Но дежурное — дурманящее психику зрителя — блюдо составляют теперь двести часов в неделю российских игровых сериалов, показывающих исключительно тяжелые трудодни преступников, их жертв и преследователей.

Сейчас снимается еще полторы тысячи сериальных часов, где никто, кроме злоумышленников и обслуживающих их ментов, не работает. Персонажи-обманщики обсуждают и реализуют низкие помыслы, не говоря об «истинах». И после этого родное правительство надеется на экономический рост, а президент — на увеличение инвестиций в Россию?

(Известия, октябрь, 2002 г.)

② Что это значит?

— ТВ
— СМИ
— (идти) след в след
— сериал
— трудодни
— мент

③ Ответьте на вопросы по тексту

▲ В чем заключается роль телевидения?

▲ Какие сюжеты стали популярны на телевидении в последнее время?

▲ О чем сообщают такие программы, как «Человек и закон», «Криминальная Россия», «Агентство криминальных новостей»?

▲ Кто становится героем современных российских сериалов?

④ Ваше мнение

• В чем вы видите влияние телевидения на человека?

• Что вы думаете о романтизации преступников, бандитов на экране телевидения?

• Есть ли по-вашему связь между романтизацией преступника на экране и желанием молодого человека стать бандитом?

• Есть мнение, что телевидение для молодых людей — источник модели для построения собственной жизни. Что вы об этом думаете?

КАК ВЫ ОТНОСИТЕСЬ К РОМАНТИЗАЦИИ РОССИЙСКИХ БАНДИТОВ?

Мнение эксперта:

Михаил Горностаев, старший сержант УВД Юго-Восточного административного округа г. Москвы, член Клуба «Известий». Конечно, отрицательно. Я считаю, что чем больше в образ бандита вкладывается привлекательных черт, тем меньше в общественном сознании препятствий тому, чтобы встать на этот путь. Для большого количества людей этот порог уже перейден — во многом благодаря усилиям СМИ.

Ирина Шкуратова, кандидат психологических наук, доцент кафедры психологии личности Ростовского государственного университета, член Клуба «Известий». Негативно отношусь. Потому что романтизировать зло вообще опасно. Например, телевидение для молодых людей — один из источников моделей для построения собственной личности и собственной жизни. Конечно, образы сильных мужчин всегда были привлекательными. И это нормально, потому что мужчина и должен быть сильным и независимым. Но когда это преподносится на базе криминала, как в сериале «Бригада» или в том же «Брате», то, по сути, дается модель симпатичного убийцы. Для подростка очень трудно отделить негативное от позитивного: все сливается в единый образ и делается вывод, что убивать «нехороших» людей не так уж и плохо. В итоге в жизни все получается куда менее симпатичным, чем на экране.

VIP-мнение:

Лариса Гузеева, актриса. К романтизации российских бандитов я отношусь крайне отрицательно. Особенно в кино, да и в искусстве вообще. Да, здорово сидеть перед экраном со стаканом кампари в руке и смотреть фильм «Однажды в Америке». Там, как и в нашей «Бригаде», показаны бандиты с человеческим лицом. В принципе тема в этих фильмах такая: бандиты — тоже люди. Но какие это люди? Жестокие, злые, беспощадные. Даже образ Робин Гуда не такой положительный, как кажется на первый взгляд. Благородный разбойник сам решает, у кого что забрать и кому что дать. Таким образом он ставит себя выше Бога, выше всего на свете. Такие люди не могут у меня вызывать симпатию.

Аркадий Инин, писатель-сатирик. Романтизация бандитов — нередкая тема в искусстве. С моральной точки зрения облагораживание преступников, русских ли, американских или итальянских, мне претит. Я не хочу говорить о художественных достоинствах таких фильмов, как «Крестный отец», «Однажды в Америке» или «Бригада», но я глубоко убежден, что до тех пор, пока мы будем романтизировать образ бандита, говорить: «Посмотрите, у него тоже есть дети, он любит свою мать, какая замечательная у него жена», будет продолжаться беспредел. Мое мнение: романтизировать бандитов недопустимо, особенно в искусстве.

«Глас народа»:

Иван Куребин, инженер-проектировщик. В принципе русскому человеку свойственно романтизировать все отбросы общества. Достаточно вспомнить песню про Кудеяра-атамана или Сонечку Мармеладову из романа Достоевского. Вот недавно появился фильм-картинка про хороших бандитов «Бригада». Я родился в Подольске. Некоторые ребята, с которыми я ходил в школу, стали подольскими бандюками. Я не могу сказать, что это симпатичные персонажи. Я не хочу говорить о них плохо, многих из них уже нет в живых, но у меня нет приятных воспоминаний от общения с ними.

Сергей Безруков, актер, исполнитель главной роли в сериале «Бригада». В России до «Бригады» не было такого жанра, как гангстерская сага, ведь это не просто сериал про бандитов, а психологический фильм. Режиссер хотел показать именно человеческую сторону жизни этих людей: взаимоотношения с друзьями, детьми, любовь. Бандиты — зависимые люди. Их могут убрать в любой момент, какими бы они ни были крутыми. В этом фильме присутствует атмосфера достоевщины. Вспомните, ведь у Достоевского, человек, который преступил, рано или поздно за все платит.

Т. Наумова, Москва. Мы всей семьей (мне и мужу по 50 лет, сыну 18, дочери 15) с большим интересом смотрели фильм «Бригада». Но реакция была разной. Если мы с мужем давно пришли к выводу, что любое зло должно быть наказано, независимо от личности бандита, то мои дети (домашние, спокойные) переживали за судьбы героев: дочь плакала, когда погибли Космос, Фил и Пчела, и сын сделал себе прическу «а-ля Саша Белый». Неужели создатели этого фильма не ведают, что творят?! В нашем обществе сегодня, когда бал правит криминал, такие фильмы на ТВ показывать опасно (может быть, только в отдельных кинотеатрах). Молодежь поняла этот фильм по-своему. Да, С. Безруков прав. Здесь показан герой нашего времени, только он забыл сказать — «отрицательный герой». И если после этого сериала увеличится число преступных группировок, то это не будет случайным!

Недавно моя дочь ехала в автобусе и слышала разговор двух молодых людей:

— Ты смотрел фильм «Бригада»?

— А давай соберем такую же бригаду из наших парней!

Выводы делайте сами.

(Известия, октябрь 2002 г.)

4. Реалити-шоу

① Прочитайте текст

Передачи в жанре <u>реалити-шоу,</u> начавшиеся в России со скандального «За стеклом», набирают все большую популярность: в новом телесезоне на них <u>делают ставку</u> все крупные каналы. Первый канал угостит зрителей тремя «реальными» проектами: продолжением «Последнего героя» (примут участие и <u>звезды,</u> и <u>простые смертные</u>) и «Фабрики звезд», а также новинкой — игрой «Беглец». Создатели определили ее жанр как <u>экшн</u>: прямо по московским улицам передвигаются Беглецы, отыскивают специальные терминалы, зарабатывают очки и т.д. За ними следуют Охотники, задача которых — выследить, «убить» Беглеца и присвоить выигрыш. Еще одно <u>экстремальное шоу</u> подготовил канал НТВ: летом в Аргентине сняли отечественный аналог американского «Фактора страха». Канал «Россия» <u>пошел другим путем</u>: его реалити-шоу «Крутой маршрут» сняли на родине, причем охватили огромную территорию: на всевозможных видах транспорта участники проедут от Москвы до Владивостока. Создатели видят свою задачу в том, чтобы привлечь внимание россиян, предпочитающих путешествовать по Европе или Средиземноморью, к красотам собственной страны. Музыкальный проект, который будет соревноваться с «Фабрикой звезд», называется «Народный артист». Молодых и талантливых россиян, из которых на глазах у публики сделают звезд, искали по всей нашей необъятной родине, — говорят, <u>кастинги</u> проходили «<u>со скрипом</u>», уровень претендентов был низким.

(АиФ, Петербург, выпуск 35 (524) от 27 августа 2003 г.)

② **Что это значит?**

- реалити-шоу
- делать ставку (на кого? на что?)
- звезды
- простые смертные
- экшн
- экстремальное шоу
- пойти другим путем
- кастинг
- (делать что-либо) со скрипом

③ **Ответьте на вопросы по тексту**

▲ Что такое реалити-шоу?

▲ Чем отличаются шоу друг от друга?

④ **Ваше мнение**

• Как вы думаете, почему телеканалы делают ставку на реалити-шоу?

- Чем вы можете объяснить высокий рейтинг реалити-шоу?

- Как, по-вашему, проходит отбор участников подобных проектов?

- Что вы думаете об участниках подобных реалити-шоу?

- Выскажите ваше мнение о призах за победу в реалити-шоу?

- Как вы думаете, какое воздействие на психику участников (зрителей) оказывают подобные проекты?

- Ваше мнение о зрителях реалити-шоу?

- В чем, по-вашему, сходство и в чем разница подобных шоу?

- Следует ли запретить реалити-шоу?

⑤ **Разные мнения**

Василий Ливанов, народный артист России. Я не смотрю эти шоу, но саму идею считаю порочной. Это все ненормально, в этом нет никакой необходимости, нет никакой красоты, никакого нравственного движения. Проект придуман для того, чтобы кормить нездоровое любопытство.

Татьяна Толстая, писатель. «За стеклом» — крайняя степень низости. Молодых дурачков соблазняют квартирами. Помните слова Булгакова о том, что квартирный вопрос людей испортил? Квартира, которую можно получить за участие в проекте, — это очень соблазнительно. И этот соблазн толкает молодых и глупых людей на унижение своего человеческого достоинства. Они не понимали, на что шли, а ведь жить с этим позором им всю жизнь, всегда найдутся люди, которые станут над ними глумиться. Можно сказать, что наши телевизионщики пошли на растление малолетних. Причем растление это касается не только тех, кто за стеклом, но и тех, кто это наблюдает. Моральная планка падает, конечно, до нуля. Это бессмысленная вещь для бессмысленных людей. Нет, продавать душу не стоит и за дворец!

Александра Буратаева, лидер движения «Молодежное единство». Когда под лупой начинают рассматривать грязное белье и еще ходить за тобой с камерой в душ и туалет, это просто неприлично. Некоторые считают, что все, что не запрещено, то разрешено. У нас в стране сейчас преобладает такая позиция. По моему мнению, не все, что есть на Западе, нам стоит перенимать. Я считаю, что у нас собственно телевидение всегда было на порядок профессиональнее, чем западное.

Фазиль Искандер, писатель. Бессмыслица и глупость! Трансляция из стеклянного куба похожа на какое-то злобное задание с целью отвлечь людей от более важного в жизни. Это нравственное падение, люди просто приравниваются к животным.

Владимир Молчанов, телеведущий. Мне это проект безразличен. Он вообще вряд ли вызовет протест у кого-либо, кроме пожилых интеллигентов. Но сам я лучше пойду в зоопарк и там все посмотрю в естественной среде.

Михаил Васьков, народный артист России, актер Театра им. Вахтангова. Мне кажется, люди должны отвлекаться от своих будничных занятий. Но эти развлечения должны быть в рамках дозволенного. Подглядывать и интересоваться чужой интимной жизнью — это неприлично. Нас воспитывали в пуританских традициях, нашим детям, наоборот, указывают с экрана, что дозволено все, чего ни пожелаешь. Высокий рейтинг — это все пустое, хорошее произведение собирает большие рейтинги. «За стеклом» смотрят как что-то необычное и новое, но никто бы не расстроился, если бы шоу закрыли. Я не могу оставить ребенка одного в комнате с телевизором: я должен все время смотреть, не переключит ли он телевизор на какое-либо шоу типа «За стеклом». Мы в очередной раз перенимаем у Запада худшее. За рубежом уже давно пришли к тому, что подобные шоу надо либо закрывать, либо цензурировать. Этим обеспокоены парламенты различных стран. И вот предприимчивые продюсеры, которых не интересует ничего, кроме денег, перепродают все это в Россию. Нашу страну в очередной раз используют как помойку.

Анна Малышева, писатель. Если говорить о том, правы ли были на ТВ-6, когда привезли в Россию этот проект, я скажу: да, потому что проект успешен, за перипетиями за стеклом следят миллионы. Но есть и другой аспект: шоу довольно жестоко, для молодых людей участие в проекте не пройдет безболезненно. Это экстремальный эксперимент. Жалко ребят, которые сидят в тюрьме. К тому же как зрителю мне это не интересно: ребята знают, что за ними подглядывают, и ведут себя крайне неестественно, работают на камеры, это все крайне фальшиво. Я предпочла бы смотреть на хорошую актерскую игру. Было бы интересней, если бы события развивались естественно, тогда и эксперимент был бы более чистым. То, что получилось, — это очень скучно: разговоры этих людей совсем не интересны, только и остается ждать, пока эти люди сойдутся и начнутся эротические сцены. Когда зритель, переключая каналы, останавливается на этом шоу, им движут не самые лучшие чувства. Если человек намеренно следит за шоу, значит, ему чего-то не хватает, например, отсутствует собственная интимная жизнь.

(Страна.RU)

Евгений Степанов, руководитель Российской ассоциации конфликтологии РАН. Я с самого начала волнуюсь за ребят. Тот, кто задумал этот проект, просто не подумал о них. Они с каждым днем становятся раздраженнее, потому что в них постоянно действует внутренняя цензура, которая работает только на создание стрессовых ситуаций. Они постоянно, даже ночью осознают, что за ними везде наблюдают, даже в душе. К тому же они знают, что на них смотрят в прямом эфире через Интернет. Поэтому в их воображении постоянно растет число наблюдателей. И огромное количество глаз, которые следят за каждым их движением, постоянно давит на юношескую психику.

Ольга Лачагина, секретарь комитета «За нравственное возрождение Отечества». Организаторы шоу «За стеклом» следуют схемам порнобизнеса, то есть ночных клубов, стриптиз-баров, пип-шоу и тому подобному. Интимные стороны жизни выносятся на всеобщее обозрение, и это оказывает разрушительное действие как на общественную мораль, так и на душевное здоровье самих участников «За стеклом». Выйдя из стеклянного за-

158

стенка, участники шоу могут представлять опасность для окружающих, как уже ее представляют руководители вышеназванных компаний и средств массовой информации».

Борис Березовский. «За стеклом» — первая в России передача образца XXI века. Она интересна не тем, что происходит за стеклом, а тем, как на это реагирует общество. Интересно наблюдать за наблюдающими. Она, как все новое, вызывает сложные чувства: смотрю и понимаю, что это реальная жизнь, — способность сделать свою жизнь открытой — осознанная необходимость для любого гражданина XXI века. А критикующие передачу — не ханжи, но люди ушедшего поколения.

Борис Моисеев, певец. Интересно безумно, ничего подобного не видел. На месте режиссера я бы поставил ребят в более экстремальные условия, чтобы они сумели лучше раскрыться. Мне даже хочется пожить в такой квартире, а кто будут соседи, неважно.

(«NTVRU.com»)

Татьяна Устинова, писательница. Что касается шоу, в которых требуется ловкость, смекалка и хорошая физическая форма, как «Форт Боярд» и отчасти «Последний герой», они мне нравятся настолько, насколько это может нравиться взрослому человеку, находящемуся в сознании. Я готова смотреть такие программы и даже болеть за героев. Я не смотрела «За стеклом», потому что тридцатипятилетней тетеньке не интересно подглядывать за подростками, которые к тому же ничем не заняты. Может, им было бы любопытно подглядывать за мной, но я не стану участвовать в такого рода играх. Если говорить, о «Доме» и «Голоде», то меня выводят из себя не сами шоу, а желание участников заработать деньги и прославиться. Меня тошнит от подобных проявлений человеческой природы, а ведь именно на этом и основаны такие реалити-шоу.

Сергей Брилев, телеведущий. Мне по душе игры типа «Форт Боярд»: они добрые, в них нет подавления, унижения одного человека другим. Вообще, идеи всех реалити-шоу замечательны и занятны, но мне не нравится излишний психологизм, присутствующий в некоторых из них. Я не люблю, когда участники выворачивают душу наизнанку.

(Известия, 16 февраля 2004 г.)

5. Конкурсы красоты

① **Прочитайте текст**

Давайте признаемся честно: каждая из нас хотя бы раз в жизни мечтала оказаться на месте <u>Королевы Красоты</u>. Как будто ты на сцене, а вокруг свет, и цветы, и корону на голову, и остальные восемнадцать, которых не выбрали, завидуют. А на тебя обрушились счастье, слава и молодой, но очень богатый спонсор из второго ряда с <u>предложением руки и сердца</u>.

Вновь избранную красавицу действительно начинают атаковать мужчины. Но преимущественно это «охотники за королевским телом». Они действуют порой без злого умысла — просто в ресторан сходить, вечерок приятно провести. И расстаться — ради следующей королевы. Серьезных же поклонников титул отпугивает. Выгодные контракты не то чтобы <u>валом валят</u>. Более или менее интересные предложения поступают в первые пару недель после конкурса. Но в этот момент девушки поглощены, во-первых, мыслями о своей победе, во-вторых, предстоящими конкурсами <u>«Мисс Европа»</u>, <u>«Мисс Мира»</u>.

А вы знаете, что в Венесуэле процесс подготовки красавиц объявлен, можно сказать, делом государственной важности? Серьезно. Красавиц там выращивают, как какое-нибудь экзотическое растение, на каждую уходит около двух лет. Как только специальная комиссия отбирает очередную кандидатку в красавицы, за нее принимается целая бригада, в которую входят самые разные люди — от парикмахеров и хореографов до пластических хирургов. Для чего это нужно Венесуэле? Во-первых, для престижа. Во-вторых, под королеву красоты обычно составляется большая благотворительная программа с посещением приютов.

В России же к конкурсам красоты и народ, и государство (прежде всего государство) относятся как к мероприятию сомнительному, никакой государственной поддержки ни конкурсы, ни их организаторы и участницы не имеют. Может быть, потому, что конкурсов этих <u>развелось видимо-невидимо</u>, и каждый претендует на свою исключительность, заявляя, что именно их красавицы и есть самые красивые, что именно они-то и символизируют Россию. А простые зрители давным-давно запутались в этих титулах, красавицах и спорах и <u>махнули на них рукой</u>. Правда, никто из девушек, хоть раз в жизни поучаствовавших в конкурсе, об этом не жалеет.

(АиФ, выпуск № 9, февраль 1998 г.)

② Что это значит?

- Королева Красоты
- предложение руки и сердца
- валить валом
- конкурсы «Мисс Мира», «Мисс Европа»
- развелось (кого? чего?) видимо-невидимо
- махнуть на (кого? что?) рукой

③ Ответьте на вопросы по тексту

▲ Какие позитивные / негативные черты есть у конкурса красоты?

▲ Что необычного в подготовке к конкурсу красоты в Венесуэле?

▲ Как россияне относятся к конкурсам красоты?

④ Ваше мнение

- Кому нужны конкурсы красоты?

- Почему так много девушек хотят принять участие в конкурсе?

- Чем, по-вашему, должна заниматься победительница конкурса?

- Почему, на ваш взгляд, титул Королевы Красоты отпугивает мужчин?

- Должны ли конкурсы красоты быть делом государственной важности?

- Какую воспитательную цель преследуют конкурсы красоты?

- В 1970—80-х годах на Западе волнами поднималось движение протеста против эксплуатации женской красоты в целях наживы воротил от бизнеса. Что вы думаете об этом?

- Как страна должна готовить своего представителя на конкурс «Мисс Мира»?

- Ваше мнение о конкурсах красоты?

- Ваша подруга собирается участвовать в конкурсе красоты. Как вы к этому отнесетесь?

⑤ Разные мнения

Евгений Ермаков. Жертвами убийц и насильников, по неофициальным данным, являются 90% девушек, выступающих в нашей стране на подиумах конкурсов красоты всех рангов. Родителям девушек-красавиц: не отправляйте своих маленьких принцесс на подиум, а лучше отведите их в секцию дзюдо, самбо или карате, чтобы они могли от всей души набить морду и кое-что еще насильнику и негодяю, желающему насилия.

(АиФ, Суббота-воскресенье, выпуск 44 (105) от 30 октября 2000 г.)

Виталий Лейба, управляющий модельного агенства Red Stars. На конкурс красоты едет девушка, которая стала победительницей в своем городе, едет обязательно. Проходит конкурс в Челябинске, выбрали Мисс Челябинск. А кто там в жюри? Непрофессионалы.

Марина. Конкурс дает возможность пробиться девушкам, обратить на себя внимание, другое дело, что многие переоценивают свои внешние данные, мне больше по душе конкурсы красоты тела фитнес-моделей.

Айгуль Галиахметова. Конкурс красоты жесток, как любой конкурс. Но парадокс заключен в самой его идее. Участниц отбирают по определенным, довольно жестким критериям. Это и пресловутые 90-60-90, и довольно высокая планка роста, и состояние кожи, волос, мышц. Но на сцену выходят не абстрактные модели, а живые девушки, у каждой — природное обаяние, темперамент. Как, по какой шкале их оценить? Никто не придумал еще единицы измерения красоты. Каждая пытается играть красавицу так, как она это себе представляет. Кто-то гордо и холодно преподносит себя, как дорогое блюдо. Кто-то входит в роль раскованной «веселушки». А сцена — она словно раздевает. И остается настоящее. А настоящая красота — она неуловима и загадочна, как любовь. Мы все красивы, когда любимы и счастливы.

Активная пропаганда этих идей российскими конкурсами красоты способствует становлению в России гражданского общества. Конкурсы красоты как явление массовой культуры отличаются целым рядом особенностей:

красота во всех ее проявлениях;

сострадание и милосердие;

непримиримое отношение к любым формам расизма, шовинизма, предпочтений по религиозным, национальным, политическим, социальным и экономическим основаниям;

поддержка гуманистических принципов против любых форм;

патриотизм, стремление достойно представлять свою родину на международных конкурсах красоты, поддерживать ее престиж своими достижениями, поддержка отечественных модельеров, дизайнеров и других мастеров индустрии красоты, производителей товаров и услуг;

пропаганда идеала современной женщины, свободной от элементов общественного неравенства, гармонично развитой, имеющей свои собственные цели и взгляды на свою роль в обществе;

составляющие гармоничного развития личности (образование, культура, ум, талант, здоровье, спорт, правильный образ жизни, мода и т.д.).

(Международная научно-практическая конференция студентов, аспирантов и молодых ученых, 6—7 декабря 2002 г. Санкт-Петербург)

⑥ **К вашему сведению**

Выборы «русской красавицы» приветствовали Иван Бунин, Константин Коровин, Александр Куприн, Сергей Рахманинов, Федор Шаляпин. Кстати, в 1931 г. титул «Мисс Россия» получила дочь великого певца — Марина.

(РИА Новости, 2003 г.)

ОБ АРМИИ

1. Служба в армии

① **Прочитайте текст**

Я не поступил в <u>МГУ</u> на географический. Сказать, сколько стоит <u>закосить от армии</u>? Три тысячи <u>баксов</u>, но это было два с лишним года назад. Сейчас больше. Матери так и сказали: давай деньги, справки будут... Славку, друга моего, откупили, а я пошлепал на <u>призывной</u>. Я не <u>качок</u>, но спортом занимался, вроде не боюсь, но внутри что-то дрожало. А потом <u>запилили</u> мы через всю Россию на самый Дальний Восток, в Приморье, в летную часть в самой что ни на есть <u>глухомани</u>. В моей части было тихо, ни <u>резни</u>, ни <u>дедовщины</u>, ни стрельбы по своим. Правда, <u>врезали</u> мне по первому году за то, что москвич, но <u>это так</u>, <u>мелочь</u>. А вот в соседних, да, были <u>ЧП</u>. Офицеры наши и <u>прапора</u> не <u>давили</u>, у них то с горючим, то с техникой <u>туго</u>. То с денежным довольствием. Вместе с ними ходили в тайгу, дикий виноград и лимонник, орехи на зиму запасали.

Короче, отслужил я, как мы в части говорили, <u>нормалек</u>. Армия, говорят, — школа жизни. Ну что-то увидел, конечно, что-то понял. Понял, что военные <u>сидят в дерьме</u> по самые погоны даже когда нет боевых действий. А вот два года <u>потерял ни за грош</u>, это да. Работаю сейчас в фирме охранником, <u>штудирую учебники</u>, но идет пока только процесс узнавания старого материала.

Ответьте мне, кому нужна такая служба?

Ал. Горохов, Москва
(Огонёк, № 23, 8 июня 1998 г.)

② Что это значит?

— МГУ
— закосить от армии
— баксы
— призывной
— качок
— запилить (куда-либо)
— глухомань
— резня
— дедовщина
— врезать (кому? за что?)
— это так, мелочь
— ЧП
— прапор
— давить (на кого?)
— (у кого?) туго (с чем?)
— нормалек
— сидеть в дерьме
— потерять (что?) ни за грош
— штудировать учебники

③ Ответьте на вопросы по тексту

▲ Почему А. Горохов оказался в армии?

▲ С какими проблемами столкнулся автор письма?

▲ Как выживают военные в армии?

▲ Жалеет ли А. Горохов о том, что служил в армии?

④ Ваше мнение

• Нужна ли, по вашему мнению, армия?

• Какая армия нужна?

• Службы в армии должна быть обязательной или по желанию?

• Кто имеет право на отсрочку от службы в армии?

166

- Кто, по-вашему, имеет право не служить в армии?

- Что вы думаете об альтернативной службе?

- Почему в армии существует дедовщина?

- Почему говорят, что армия — это школа жизни?

- Служба в армии — приобретение опыта или потеря времени?

- Что бы вы ответили А. Горохову?

⑤ Разные мнения

Иван Федоткин, депутат Госдумы. В армии надо служить, только она делает из мальчика мужчину, а из мужчины — настоящего мужчину.

Владимир Иванов, кадровый военный, летчик, прослуживший в армии 20 лет. В армии мальчики должны служить. Другое дело, в какой армии. Там их должны научить, грубо говоря, держать в руках оружие, чтобы они смогли защитить свою семью, дом, Отечество. В идеальном варианте армия может дать и профессию — так на Западе. Но сейчас эти мальчики занимаются в вооруженных силах совсем другим.

Лариса Кочнева, Нижний Новгород. Мой сын стал баптистом. Ему брать в руки оружие запрещено по убеждениям. Сын готов на все, строить что угодно, работать санитаром и т.д., но только не прикасаться к автомату. Я выслушиваю много горького: что на самом деле он уклонист, кто-то должен за него отдуваться, возвращаться без рук и ног, а то и вовсе в цинковом гробу привезут. Знаю, что у нас с мужем хватит сил и знаний отстоять сына. И денег хватит взять лучшего адвоката и доказать, что даже когда закон не принят, Конституция (ст. 59, ч. 3) дает право на альтернативную гражданскую службу. Мне очень жаль, что родители друзей моего сына, тоже баптистов, растерялись и ни во что не верят.

Сергей Юшенков, депутат Государственной думы Федерального Собрания РФ, член комитета по обороне. Президент сделал недвусмысленное заявление, что теперь он ставит задачу по подготовке вооруженных сил к ведению локальных войн, а это уже совершенно другая структура вооруженных сил, другая система подготовки, комплектования личного состава и т.д. и т.п. Второе, что сейчас заявлено, — это сокращение самой армии и реструктуризация вооруженных сил. Сейчас ни одна страна в мире не имеет такого количества видов вооруженных сил, которое раздуто у нас. Например, в США, да и в странах Европы тоже, — три вида вооруженных сил. Принято решение сократить количество видов вооруженных сил с пяти сначала до четырех, а потом и до трех. Нужно отказываться вообще от службы по призыву. Должна быть армия контрактная, добровольная. Никаких призывников не должно быть.

Людмила Воробьева, член координационного совета Комитета солдатских матерей России. У каждого военкомата есть план призыва, который они обязаны выполнить. План призыва и маленькая зарплата порой заставляют врача забыть о клятве Гиппократа и медицинской этике. Происходит формальный медицинский осмотр, который занимает не больше пяти минут. По многочисленным свидетельствам «отмазавшихся» призывников, сумма взяток для признания не годным к военной службе 18-летнего юноши колеблется от 2000 до 5000 долларов.

(По материалам Интернета)

Комитет солдатских матерей России. Надо осуществлять призыв на военную службу по территориальному принципу. Это значит, что каждый новобранец может служить в округе, максимально приближенном к месту жительства. Помимо экономической выгоды (существенно снижаются транспортные расходы), это шаг к сохранению физического и морального здоровья призывников. Человек, привыкший жить в определенных климатических условиях, будет меньше болеть, может общаться с родственниками. И, скорее всего, не будет почвы для межнациональной розни и злостной дедовщины — все ж земляки. А мысль «закосить», точно, посетит гораздо меньшее количество юных умов.

(Огонёк, № 38, 22 сентября 1997 г.)

2. Женщины в армии

① **Прочитайте текст**

— *Татьяна, а как вы попали в армию?*

— У меня отец военный. Я с детства хотела пойти служить в армию, и когда у меня спрашивали, кем я хочу стать, говорила: «Военной». Мне всегда казалось, что в армии есть порядок, которого нет в гражданских организациях. Папа с детства <u>приучал</u> меня <u>к порядку</u> — я планы на каждый день себе писала.

— *А как ваши <u>домашние</u> — муж и сын — относятся к тому, что вы служите в армии (муж Татьяны — нейрохирург, а сыну Сергею — 8 лет)?*

— Да нормально относятся. Муж иногда посмеивается. А сын... Когда у нас бывают тревоги — а посыльный может прибежать в 6 утра и объявить тревогу, — сын смотрит, как я бегаю по комнате, собираюсь, и спрашивает: «Мама, когда все это кончится? Они что, с ума сошли?» Нет, отвечаю, просто такая работа. Конечно, от службы в армии в характере прибавляется жесткости.

— *А никогда не хотелось бросить армию, выбрать более традиционную для женщины профессию?*

— Конечно, иногда все надоедает. Иногда действительно хочется заняться спокойной «женской» работой — в библиотеке, например, сидеть. Но бросать армию жалко — 6 лет уже ей отданы.

— *Но вы не жалеете, что в свое время выбрали именно армию, а не школу, например?*

— Нет, конечно, не жалею.

(АиФ, Дочки-Матери, выпуск 7 (251) от 10 апреля 2003 г.)

② Что это значит?

— приучать (кого?) к порядку
— домашние

③ Ответьте на вопросы по тексту

▲ Чем Татьяну привлекала армия?

▲ Чего не понимает сын Татьяны?

④ Ваше мнение

• Почему женщины идут служить в армию?

• Что вы думаете о женщинах, которые выбирают карьеру военной?

• В Вооруженных Силах существует лимитированное количество должностей, которые могут занимать женщины. Что вы думаете об этом?

• Какие профессии традиционно считаются женскими?

• Каким образом может измениться отношение к женщинам в погонах?

⑤ Разные мнения

Я — бывший военный. Скажу честно, отношение к женщинам в армии такое, что и в страшном сне не привидится: даже хозяин свою собаку больше уважает, чем командир женщину-подчиненного. И это благодарность за то, что они за нас, мужчин, тянут армейскую лямку.

Света Шацких. Первый день в военном училище я запомнила на всю жизнь. Мало того что на меня глазели все кому не лень, еще из толпы выкрикивали что-то типа «лови ее и за угол!» Жуткое чувство. Потом привыкла, точнее сказать, ко мне привыкли. В группе решили считать меня парнем и не замечать вообще. Институт, в котором учатся одни парни, имеет свои правила и законы. И я обязана их придерживаться. Парни пытаются мешать мне учиться — пишут любовные признания, да еще в стихах. Некоторые даже матом при мне ругаются. Но я держусь.

(АиФ, Дочки-Матери, выпуск 8 (162) от 19 февраля 2001 г.)

Американцы уверены, что большинство женщин идут в армию за сексом.

(Огонёк, № 49, 2 декабря 1996 г.)

⑥ **К вашему сведению**

СКОЛЬКО ЖЕНЩИН В АРМИИ?

США	— 14%
Канада	— 11,3%
Великобритания	— 7,4%
Голландия	— 7,2%
Бельгия	— 7,1%
Франция	— 6,3%
Люксембург	— 6%
Дания	— 4,8%
Норвегия	— 4,6%
Греция	— 4,0%
Чехия	— 2,7%
Испания	— 2,6%
Португалия	— 2,5%
Германия	— 1,3%
Турция	— 0,9%
Польша	— менее 0,1%

(АиФ, Дочки-Матери, выпуск 7 (251) от 10 апреля 2003 г.)

В Российских вооруженных силах, численностью 1 млн 200 тыс. военнослужащих, женщин всего 2%. Из них около 3 тыс. занимают офицерские должности, свыше 20 тыс. — прапорщики.

(АиФ, выпуск 10 (1063) от 7 марта 2001 г.)

О ЖИЗНИ В СТОЛИЦЕ И ПРОВИНЦИИ

1. Выбор места жительства

① Прочитайте текст

О том, чем обернется всемирная <u>урбанизация</u>, ученые и фантасты спорили еще более ста лет назад. Английский социолог Эбенизер Говард предлагал вблизи крупных промышленных центров строить города-сады, которые должны «впитывать» значительную долю населения мегаполисов и таким образом «разуплотнять» их. Последователь Говарда Паоло Солери, наоборот, твердил о необходимости создания «вертикальных городов» — высотой до километра и с населением до 6 миллионов человек. Любопытно, что параметры таких городов были тщательно просчитаны и научно обоснованы. В 1956 г. на Международном конгрессе архитекторов было озвучено сразу 12 проектов «города будущего». Предлагалось создать «динамичный город», универсальный для любой страны и континента: жилищная клетка-квартира, словно вилка в розетку, должна была включаться в огромный каркас передвижного <u>мегаполиса</u>. Подобный архитектурный футуризм изжил себя на исходе XX века. Адептам урбанистической идеологии напомнили, что на протяжении 99% своей истории человек жил небольшими сообществами и, как правило, в сельской местности. А значит, стремительный рост мегаполисов — это отклонение от естественного пути развития <u>Homo sapiens</u>, который генетически не приспособлен к обитанию в громадном «муравейнике». Более того, есть мнение, что преступность, наркомания и алкоголизм — прямое следствие этой самой урбанизации. Не зря некоторые социологи называют мегаполисы раковыми опухолями на теле планеты.

(АиФ, Москва, выпуск 21 (515) от 21 мая 2003 г.)

② **Что это значит?**

— урбанизация
— мегаполис
— Homo sapiens

③ **Ответьте на вопросы по тексту**

▲ Что такое мегаполис?

▲ Какие предложения по изменению облика городов предлагались на протяжении истории человечества?

▲ Почему мегаполисы называют раковыми опухолями на теле планеты?

④ **Ваше мнение**

• Как вы думаете, почему не прекращается рост больших городов?

• В чем, на ваш взгляд, преимущества жизни в большом городе?

• Как приспособиться к жизни в мегаполисе?

• Как по-вашему, преступность, наркомания и алкоголизм — это прямое следствие урбанизации?

• Каков, по-вашему, идеальный для жизни город?

⑤ **Разные мнения**

Ю.П. Бочаров, академик Российской академии строительных наук. Кого же мы воспитываем нашим сегодняшним городом? Человека, отчужденного от природы, человека, который не ценит существования в гармонии с миром. Мы поддерживаем в нем напряжение из-за тесных каждодневных контактов — отсюда депрессии и психозы. Он не чувствует себя свободным, так как над ним постоянно возвышаются эти ужасные высотки. Он не приемлет ничего нового, он шовинист.

(Огонёк, № 31 (4759), август 2002 г.)

Юрий Симагин, старший научный сотрудник Института социально-экономических проблем народонаселения РАН. Сейчас урбанизация вступила в новую фазу — активно развиваются пригороды. Это хорошо заметно и на примере Москвы. Все больше состоятельных людей перебираются в область, где начинают проживать постоянно. Думаю, эта тенденция сохранится в будущем.

(АиФ, Москва, выпуск 21 (515) от 21 мая 2003 г.)

Человек живет в городе более семи тысяч лет. Знаменитый Иерихон, древнейшие городские поселения на Кипре и в южной части Малой Азии ученые относят к шестому тысячелетию до Р.Х. А так как все больше исследователей склоняются к тому, что история человека занимает не сотни и не десятки тысяч лет, а всего лишь тысячи (возможно, 8000–10 000 лет!), то усиливаются подозрения, что большую часть своей жизни человечество было связано с городами.

(Православие.RU, 5 марта 2004 г.)

2. Две столицы России

① **Прочитайте текст**

Противостояние Москвы и Петербурга является отображением библейского мифа о противостоянии рая и ада.

Москвичей не любят везде. Конечно, не конкретных каких-либо москвичей, а так, абстрактных, без последствий. Москвичам завидуют. Московская прописка — своеобразный аналог римского гражданства.

Питерцы же слывут носителями культуры, но тоже не персонально, а так, как бы вообще, в массе, в ячейках предполагаемых в Питере дворов-колодцев, золоте дворцов-музеев. Питерцы — божьи люди, у которых эта культура, самая заветная для Руси, имеется.

Слушая рассказы случайных вагонных попутчиков об ужасах Москвы и тихом увядании прекрасного Питера, начинаешь думать, что проник в библейский сюжет, великий миф о Москве и Петербурге. Каин, как известно, построил первый город, противопоставив его простоте и мудрости райских садов. Москва стала для <u>провинциала</u> воплощением этого каинового города, Вавилоном, Содомом и Гоморрой. В Москве на улицах проститутки, у власти бандиты и бывшие коммунисты, в ресторанах гомосексуалисты, за сто долларов убьют, а если работать едешь, так берегись, что бы тебя начальник не изнасиловал...

Питер выглядит в представлении большинства как город порядка. Людей не смущает реальный образ Петербурга с его развалившимися фасадами, жутким климатом, длинными промежутками между станциями метро. Питер — колыбель культуры, город, построенный по западному образцу, а значит Питер — рай. В нем люди добрее, несмотря на <u>телесериал</u> «Бандитский Петербург» и на ежемесячные заказные убийства крупных чиновников и бизнесменов города.

Возникновение темы переноса столицы, увеличение дипломатической активности в Питере — все это явления одного порядка. Эксплуатация мифа о добром городе дает народу надежду, оборачивающуюся капиталом в виде кредита доверия власти и политикам, использующим авторитет «райского города».

Наличие исторической традиции заставляет думать, что противостояние двух городов в реальности и сознании наших сограждан будет долгим.

(Консерватор, № 12 от 22 ноября 2002 г.)

② **Что это значит?**

— москвичи
— московская прописка
— питерцы
— Питер
— двор-колодец
— провинциал
— телесериал

③ **Ответьте на вопросы по тексту**

▲ Что думает большинство россиян о Москве и Санкт-Петербурге?

▲ В чем заключается противостояние Москвы и Питера?

▲ В чем разница между жителями Питера и Москвы?

④ Ваше мнение

• Из чего, по-вашему, складывается образ города и его жителей?

• Как влияет город на характер его жителей?

• Что вы думаете по поводу существования двух столиц в стране?

• Должны ли все учреждения власти находиться в одном городе?

• Сколько столиц должно быть в одном государстве?

• Как бы вы решили вопрос о противостоянии двух столиц?

⑤ Разные мнения

Великая французская революция поставила в основу политической жизни народов принцип разделения властей, оформленный конституционно. Столица является материальным выражением идеи государства, будь то замкнутое национальное образование или открытая Космосу Империя. Тем самым принцип разделения властей подразумевает и такое следствие: у государства должно быть несколько столиц.

Хотя Санкт-Петербург и создавался Петром как столичный город, прежняя столица — Москва — также сохранила свой статус. Управление Империей осуществлялось с берегов Невы, но отдельные важнейшие государственные акты (в частности, династические) по-прежнему свершались в Белокаменной. Планируя кампанию 1812 года, Наполеон определяет Москву «сердцем России», а Санкт-Петербург ее «головой».

(Консерватор, № 22 от 21 февраля 2003 г.)

Две столицы сильно отличаются по стилю. Для Петербурга характерен «светский стиль». Основные фигуры там — юристы, профессора и офицеры. Москва — это «новорусский стиль». Основные фигуры здесь — банкиры, журналисты и бандиты. Может быть, еще политологи, чтоб самокритично. Разница в стиле очень ощутима. Например, московской элите не приходило в голову устраивать балы как место обмена мнениями и выработки решений. Роль балов здесь играли бани и теннисные корты. Петербург более светский и аристократический, Москва — более демократическая, более гибкая, всеядная. Здесь легче преодолеваются перегородки между людьми разного происхождения.

(АиФ, выпуск 50 (1103) от 12 декабря 2001 г.)

3. Фобии столичных жителей

① Прочитайте текст

Постоянные стрессы, экологические проблемы, необходимость постоянно находиться в толпе, излишне плотный рабочий график и слишком малое количество времени для полноценного отдыха уже превратили жителей российской столицы в психопатов. По статистике, психические отклонения имеет каждый четвертый россиянин. Для москвичей эту цифру можно смело увеличивать вдвое. Столичные жители больше подвержены страхам, чем сельские, при этом к врачам обращаются чаще женщины, чем мужчины, которые предпочитают не афишировать свою фобию. Ученые разделили все мучающие москвичей страхи на три вида: пространственные, социально-политические и личностные фобии. В первую группу входит так называемая самолетофобия. На самолете боятся летать 15% москвичей, причем 3—5% не могут преодолеть этот страх; на втором месте метрофобия — 8—10%; на обычном поезде боятся ездить только 6—8% столичных жителей. Вторая группа включает в себя целый ряд фобий: страх экономической нестабильности, повтора дефолта — 15—20% горожан; патологическая боязнь преступности — 34—40%. 15% москвичей боятся милиции; 8—10% жителей города боятся общаться с другими людьми; боязнь толпы испытывают 7—8%, а 35% москвичей внушает опасение ухудшение экологической обстановки в городе. Среди личностных фобий распространен страх чем-то заболеть (нозофобия) — 10—15%.

Достаточно большое количество столичных жителей испытывают на себе панические атаки, неоправданный внезапный страх. При этом у одного человека может наблюдаться целый <u>букет фобий</u>.

(Московский комсомолец, 20 мая 2003 г.)

② **Что это значит?**

— афишировать
— фобия
— дефолт
— букет (чего?)

③ **Ответьте на вопросы по тексту**

▲ Что такое фобия?
▲ С чем связаны фобии москвичей?

④ **Ваше мнение**

• Как вы думаете, перечисленные в тексте фобии касаются только жителей мегаполисов?

• Что, по-вашему, может породить страх в большом городе?

• Предложите способ борьбы с фобиями.

• Почему люди не обращаются к врачам по поводу своих страхов?

• Расхожий московский страх — боязнь подцепить заразу. По мнению врачей, эта типичная городская фобия тоже спровоцирована вечной московской скученностью. Как вы думаете, реклама лекарств в транспорте способствует этой фобии?

• По данным специалистов лаборатории «Личность и стресс» психологического факультета МГУ, в Москве в первую очередь подвержены фобиям врачи, учителя, журналисты, социальные работники. Часто жалуются на преследующие их страхи и матери-домохозяйки, а также бизнесмены. Как вы можете это объяснить?

- Как вы считаете, когда больше обращений к врачам: в периоды экономической стабильности или в тяжелые времена? Аргументируйте свою точку зрения.
- Считаете ли вы, что фобии бессмертны?

⑤ Разные мнения

Александр Литвинов, психиатр. Постарайтесь компенсировать свои страхи активной, насыщенной жизнью. Или подумайте, что вы давно хотели в своей жизни изменить, потому что фобии часто нам выгодны. Прикрываясь всевозможными страхами, мы избегаем решения застарелых проблем. Например, человек думает, что боится эскалаторов, а на самом деле ему до смерти надоела работа, куда приходится ездить на метро. Но поменять работу ему не хватает решимости и силы воли.

(АиФ, Москва, выпуск 49 (387) от 6 декабря 2000 г.)

Ольга Квасова, сотрудник лаборатории «Личность и стресс» психологического факультета МГУ. Работа психоаналитика — долгий процесс, в результате бесед с пациентом психолог должен «докопаться» до той травмирующей ситуации, которая когда-то вызвала фобию. И уж если это действительно сделано профессионально, страх уходит навсегда.

Психологи университета Эмери из американского города Атланта предложили лечить фобии абсолютно новым способом — с помощью компьютерных игр. Сообщение об этом сделала на заседании американской ассоциации психологов один из авторов метода Барбара Ротбаум. Пациентов будут погружать в виртуальную реальность — для этого предполагается использовать варианты хорошо известных компьютерным игрокам «аркадных игр», дополненные хорошо срежиссированным звуком и дающие возможность полного «эффекта присутствия». С помощью «игротерапии» психотерапевты намерены создавать виртуальную грозу для тех, кто боится гроз, виртуальный самолет для тех, кто боится летать, виртуальное бревнышко над виртуальной пропастью для тех, кто боится высоты.

(7 дней, 11 августа 2000 г.)

О МИГРАЦИИ

1. Мигрант — благо или напасть?

① **Прочитайте текст**

На вопросы журналиста отвечает первый заместитель министра внутренних дел РФ, начальник Федеральной миграционной службы генерал-полковник Андрей Черненко.

— *Андрей Григорьевич, какой результат миграционной реформы вы хотели бы иметь?*

— Мигрант для России — благо. Он требует к себе государственного подхода, и надо сделать так, чтобы выгодна была только легальная миграция. Например: приехав в регион, где он намерен работать, мигрант покупает в Сбербанке миграционную марку, скажем, за 100 долларов, что дает ему право жить и работать в России, скажем, в течение года. Марка вклеивается в паспорт, и на этом все взаимоотношения мигранта и государства заканчиваются. Приезжий бесплатно регистрируется в той области, где он намерен обосноваться, после чего может жить и работать где хочет в пределах данной области. Заметьте, оплата трудовых пошлин означает, что деньги отправятся прямиком в Минфин.

— *Подавляющее большинство мигрантов стремится попасть в Московский регион, на юг или в другие привлекательные места, а между тем малые города и деревни у нас катастрофически пустеют.*

— Для многих областей России миграция просто необходима. С учетом падения рождаемости нам будет надо принимать не менее 500 тысяч приезжающих в год. Но не просто гостей, а переселенцев-трудяг, которые приезжали бы к нам работать и обустраиваться на всю жизнь. В идеале работодатель будет подавать заявку в миграционную службу на того, кто ему нужен — слесарь или пекарь, а она будет информировать об этих заявках через свои представительства в странах СНГ. Но одновременно необходимо ввести жесткую систему налогообложения работодателей за использование иностранной рабочей силы с уголовной системой ответственности за незаконное использование незарегистрированной рабочей силы.

(АиФ, выпуск 27 (1132) от 3 июля 2002 г.)

② **Что это значит?**

— Сбербанк
— Минфин
— трудяга
— СНГ

③ **Ответьте на вопрос по тексту**

▲ Какие предложения по поводу миграционного права высказал начальник Федеральной миграционной службы Андрей Черненко?

④ **Ваше мнение**

• Что вы думаете о потоке мигрантов в страну?

• Почему существует нелегальная миграция?

• Мигрант, на ваш взгляд, — благо или напасть? Обоснуйте ваше мнение.

• Как обезопасить страну от въезда нежелательных лиц?

• Как правильно организовать миграционный контроль?

⑤ **Разные мнения**

Анатолий Батуркин, начальник управления по делам миграции ГУВД, полковник милиции. В настоящее время в Москве нелегально работает около 1 млн иностранных рабочих. В Москве их привлекает относительно высокая зарплата, возможность быстро найти работу, поддержка диаспор и общественных организаций, а также относительно мягкое миграционное законодательство. На нелегалов приходится каждое второе уголовное и административное правонарушение.

Егор Гайдар, лидер партии СПС. Россия как государство русских имеет мало перспектив в XXI веке К 2050 году население России резко сократится и будет составлять 80—110 млн человек. В условиях демократического режима остановить поток трудовой миграции не представляется возможным. Самой опасной является нелегальная неуправляемая миграция, которая подталкивает мигрантов к этнической солидарности. Это связано с организованной преступностью.

(Консерватор, № 22 от 21 февраля 2003 г.)

Андрей Черненко, первый заместитель министра внутренних дел РФ, начальник Федеральной миграционной службы, генерал-полковник. До сих пор Россию спасала высокая степень дружелюбия россиян к любым гостям. Но сейчас внешняя миграция в ряде регионов зачастую несет угрозу базовым основам общероссийской культуры. Среди мигрантов попадаются преступники, из-за приезжих в ряде хозяйств падает цена рабочей силы, из общественных фондов потребления мигранты берут немало материальных благ, хотя в российскую казну налогов не платят. Все это мало кому может нравиться. Люди старшего поколения, живущие в крупных мегаполисах, таких, как Москва и Петербург, говорят об этом на кухне, а что у папы на языке, то у сына на кулаках. Я полагаю, что появление скинхедов — это результат прошлой невнятной миграционной политики. И если мы в самое ближайшее время не выведем мигрантов из экономического подполья, нас ожидают серьезные межнациональные потрясения.

(По материалам Интернета)

2. Мультикультурализм: вред или благо?

① Прочитайте текст

Мультикультурализм, на первый взгляд, совершенно безобиден и соответствует самым высоким гуманистическим идеалам. Однако при ближайшем рассмотрении под этой личиной скрывается мина замедленного действия для нашего государства. Сегодня уже можно говорить о воплощении мультикультуралистических идей в реальных общественных процессах. Попробуем разобраться, в чем суть дела. Российская Федерация — страна многонациональная и многоконфессиональная. И, как следствие, проблемы межнационального и межрелигиозного общения играют существенную роль в ее развитии. Не обходится и без отдельных конфликтов на национальной и религиозной почве. Апологеты мультикультурализма заявляют, что только их идеология способна гармонизировать развитие нашего общества и свести к минимуму противоречия.

(По материалам Интернета)

② Что это значит?

— мультикультурализм
— мина замедленного действия
— суть дела (в чем?)
— апологет

③ Ответьте на вопросы по тексту

▲ Какие положительные и отрицательные черты мультикультурализма отмечаются в тексте?

▲ Почему тема мультикультурализма важна для России?

④ Ваше мнение

• Как по-вашему, что такое мультикультурализм?

- Что является основным двигателем мультикультурализма?

- Каким образом мультикультурализм может решить проблему противоречий в многонациональном государстве?

- Каковы, по вашему мнению, особенности мультикультурализма в ряде стран?

- Почему ключевым моментом всех дебатов о мультикультурализме является проблема интеграции мигрантов?

- Должны ли иммигранты ассимилироваться в жизнь общества? Или же прежде всего они должны заботиться о сохранении своего языка и национальной самобытности? Выскажите ваше мнение по этому вопросу.

- Как вы думаете, культурные (этнические, религиозные, языковые) отличия мигрантов от их социального окружения препятствуют или, напротив, способствуют их интеграции?

- Считаете ли вы, что мононациональная государственность более не существует?

- В чем, по-вашему, смысл отказа от синтеза культур в пользу мультикультурности, подразумевающего обособленное сосуществование различных культур и их сотрудничество лишь там, где непосредственно пересекаются их политические и экономические интересы?

- Как вы думаете, почему мультикультурализм для России — мина замедленного действия?

- Что вы думаете о современной ситуации с межэтническими, межнациональными, межконфессиональными отношениями в Российской Федерации?

⑤ **Разные мнения**

Владимир Малахов. Корень проблемы — в крайней затрудненности процесса натурализации, получения мигрантами статуса полноценных граждан, в результате чего они сбиваются в добровольные гетто, а вовсе не в их упорном нежелании расстаться с культурными стереотипами, несовместимыми с нормами принимающей страны. Что касается собственно культурных отличий и конфликтов между мигрантами и основным населением, то стоит задуматься, где все-таки причина, а где — следствие. Мне кажется весьма сомнительным, что сохранение культурной самобытности волнует мигрантов больше, чем то, как прокормить семью. Трудно вообразить, что люди, преодолевшие невероятные трудности для того, чтобы попасть из бедной и неблагополучной страны в богатую и благополучную, предпочтут поиски идентичности поиску работы.

(Русский журнал, 2001 г.)

Сергей Николаевич Абашин, старший научный сотрудник Института этнологии и антропологии РАН. Мультикультурализм абсолютизирует культурные различия, и не всегда борьба за права человека, включая его права как носителя какой-то религиозной или культурной традиции, может иметь положительный результат. Существует очевидная опасность, что такая борьба фактически пойдет на пользу разного рода карьеристам, политиканам, дельцам и мерзавцам, использующих риторику «самости» в своих целях. Впрочем, точно такие же проблемы есть и внутри «западной цивилизации».

Денис Драгунский, научный руководитель института национального проекта «Общественный договор». Мультикультурализм настораживает. Мы должны требовать, чтобы Человек Другой Культуры соблюдал права человека в его этническом (культурном) ареале. Должны быть одинаковые требования как к западной цивилизации, так и к другим «цивилизациям» — и эти одинаковые требования должны основываться на стандартах западной культуры как наиболее прогрессивной.

Виктор Сергеевич Котельников, младший научный сотрудник Центра культурологических исследований Института Европы РАН. Мультикультурализм предлагает мирное сосуществование различных культур в одной стране. Мультикультурализм — это концепция, которая предлагает признать, что все культуры равны и имеют одинаковое право на жизнь. Мультикультурализм предлагает интеграцию (объединение) культур.без их ассимиляции (слияния). Ассимиляция, как стратегия по отношению к пришлым (иммигрантским) культурам, использовавшаяся на протяжения прошлого века многими европейскими странами, в большинстве случаев себя не оправдала. Ксенофобия, фанатизм, фундаментализм, радикализм, экстремизм, терроризм — вот лишь некоторые побочные результаты попыток проводить подобную стратегию в полиэтничной среде. Таким образом, в основе политики мультикультурализма лежат три принципа: признание государством культурного плюрализма как важнейшей характеристики гражданского общества, устранение препятствий, мешающих социализации маргинальных культурных групп, поддержка воспроизводства и развития разных культур.

(Континент-Россия, 2003 г.)

ОБ ЭМАНСИПАЦИИ

1. Ребенок или карьера?

① Прочитайте текст

Выйдя замуж, я уже было решила, что выполнила свой долг перед обществом. Я надеялась, что теперь окружающие оставят меня в покое и разрешат мне жить, как мне хочется. Но <u>не тут-то было</u>! «Ну что?.. Есть новости?» — именно так теперь начинают со мной каждый разговор моя мама, моя свекровь, мои школьные подруги и моя соседка Прасковья Васильевна с третьего этажа. Их волнует только одно — когда я наконец забеременею?

Вы когда-нибудь задумывались, почему женщины рожают детей? Что заставляет их добросовестно соглашаться на токсикоз, бессонные ночи, утрату интимности, полное отсутствие свободного времени, ужасающий груз ответственности? Говорят, это происходит из-за того, что у женщин очень силен материнский инстинкт. Поэтому и тянет женщин в <u>роддом</u>, как рыбу на нерест.

Любая <u>бездетная</u> женщина почти всегда воспринимается как <u>неполноценная</u>. Бесполезно объяснять, что пока хочется <u>пожить для себя</u>. В итоге многие дамы, подавленные общественным мнением, все-таки решаются завести ребенка. На это идут даже <u>одинокие</u>, материально необеспеченные и полностью разочарованные в жизни женщины.

<u>Взвалив на себя</u> весь груз родительских обязанностей, женщина теряет социальную и профессиональную активность на два-три года, пока подрастает малыш. Жизнь предлагает ей выбрать одно: или ребенка, или <u>карьеру</u>.

Появляются люди, которые говорят, что моя позиция — это позиция <u>эгоистки.</u> Я соглашаюсь. Я эгоистка. И когда кто-нибудь хвастает, что у него в отличие от меня уже трое детей, я как истинная эгоистка спрашиваю: «Трое детей?.. Замечательно. А что еще вы умеете делать?»

Лично я пока не хочу иметь ребенка. Это большой труд, к которому я пока не готова.

(Огонёк, ноябрь 2002 г.)

② **Что это значит?**

— не тут-то было!
— роддом
— бездетная женщина
— неполноценная женщина
— пожить для себя
— одинокая женщина
— взвалить на себя (что?)
— карьера
— эгоистка

③ **Ответьте на вопросы по тексту**

▲ В чем заключается долг женщины перед обществом?

▲ Почему беременность и рождение ребенка вызывает у героини статьи негативные эмоции?

▲ Как вы оцениваете позицию автора статьи?

④ **Ваше мнение**

• Как вы думаете, любая ли женщина должна иметь ребенка?

• От чего зависит желание женщины иметь или не иметь малыша?

• Как вы относитесь к женщинам, которые не хотят заводить ребенка?

• Обязательно ли за замужеством должно следовать материнство?

188

- Наша героиня считает, что рождение ребенка мешает карьере женщины. А что вы думаете об этом?

⑤ **Разные мнения**

Я не хотела иметь ребенка, но муж настоял, чтобы я бросила работу, родила сына и научилась печь пироги с яблоками.

Я решила завести ребенка. Пусть хоть одна живая душа рядом будет.

У всех подружек уже дети, а чем я хуже?

«Ценность женщины — в детях». (Народная мудрость)

«Бабья дорога — от печи до порога». (Пословица)

2. Надо ли спасать мужчин?

① **Прочитайте текст**

Сегодняшний мужчина переживает кризис. Это явление общемировое, и связано это, конечно, с повсеместно распространившимся <u>феминизмом</u>. В феминизированном обществе мужчины разделяются на три основных типа. Первые — это самые благополучные мужчины, их меньше всех, к сожалению, они полностью принимают сложившуюся ситуацию, признают (реально, а не внешне) равноправие мужских и женских ролей, спокойно относятся к исполнению «женских» функций вроде подчиненного положения в семье и на работе. Вторая группа — мужчины, активно сопротивляющиеся феминизму. Они начинают подчеркивать роль мужчин в жизни общества, отращивают бороды, занимаются подчеркнуто мужской деятельностью — войной, спортом, криминалом и склонны самоутверждаться за счет унижения «глупых <u>баб</u>», отказывая им в праве называться людьми. Внешнее благополучие таких мужчин, конечно, только видимость. И третья группа, таких мужчин сегодня больше всего, — дезориентированные, то есть не знающие, как им быть и что делать.

Особенно серьезным это положение мужчин стало в России. Недаром у нас очень высокая мужская смертность, в среднем женщины у нас живут дольше мужчин на 15 лет. Такого нет нигде в мире. Остающиеся в живых российские мужчины все больше мельчают духовно и физически. Все больше детей воспитывается без отца, а мужские добродетели (верность, постоянство, семейственность) не вознаграждаются не только материально, но и морально, в общественном мнении. В России «быть мужиком» сегодня зачастую означает презирать женщин, водить дружбу с «хорошими ребятами», быть «крутым», причем зачастую именно женщины с удовольствием поддерживают такую модель. Во многом это можно связать с советской властью, которая сначала уничтожила лучших мужчин (хозяев, военных, вольных мастеров), а потом стала насаждать культ слабого мужчины совместно с совершенно безумной эмансипацией. Женщин стали заставлять отдавать государству (в ясли) недельных детей, а мужчин лишили всякой ответственности — за семью и детей прежде всего. Параллельно шла феминизация всех процессов социализации. Мальчика окружали сплошные учительницы, да и дома вдобавок всем заправляли мать и бабушка, а пассивный отец, придя с завода, спешил в пивную или на рыбалку, никак не вмешиваясь в «женское» дело воспитания. В итоге мы получили три типа советских мужчин: либо домашний деспот, отыгрывающийся на членах собственной семьи за социальную подавленность на работе, либо вечный мальчик, в сущности продолжающий игровую деятельность до седых волос, либо подкаблучник (*Игорь Кон*, философ).

② Что это значит?

→ феминизм
→ баба
→ мельчать
→ «хорошие ребята»

— «крутой»
— подкаблучник

③ Ответьте на вопросы по тексту

▲ Что думает автор о положении мужчины в современном обществе?

▲ Какая классификация мужчин существует в феминизированном обществе?

▲ Что, по мнению Игоря Кона, задавило в мужчинах традиционное мужское рыцарство?

④ Ваше мнение

• Считаете ли вы, что в современной жизни произошло изменение роли мужчины? Каковы последствия этого изменения?

• Чем вы можете объяснить, что сегодняшний сильный пол позиционирует себя как слабый?

• На ваш взгляд, мужчины в современном обществе переживают кризис? С чем связан этот кризис?

• Считаете ли вы, что в обществе у каждого пола есть свои роли?

• Какие требования женщины предъявляют мужчинам?

• Как вы думаете, чего ждут мужчины от женщин?

• Что вы думаете о равноправии мужчин и женщин?

• Борьба за равноправие — это, по-вашему, женские игры?

• Как вы думаете, кому выгодна борьба полов?

• Как остановить процесс вырождения мужчин?

• Могли бы вы представить современную классификацию мужчин?

• Грядет ли, по-вашему, унисекс? Перечислите положительные и отрицательные моменты этого явления.

⑤ Разные мнения

Ольга Иртеньева, психолог. С тех пор как институты церкви и государства фактически устранились от прямого регулирования брачных отношений, у не привыкших к свободному распоряжению собой мужчин и женщин начались проблемы. Женщины с удовольствием воспользовались преимуществами свободного образа жизни, но при этом продолжали ждать от мужчин ответственного отношения к браку и воспитанию детей. Мужчины после вялого сопротивления отдали женщинам свои «привилегии», вроде возможности ходить на службу и носить брюки, но при этом продолжали ждать от женщин безотказности, нежности, доверия и покорности. И те и другие оказались жестоко обмануты. Она — потому что обнаружила себя в одиночестве в жестоком мире мужской конкуренции. Он — потому что феминистские претензии оказались намного серьезнее, чем думалось сначала. Гордо перестав быть «любимой игрушкой в руках мужчины», она оказалась не готова к роли «и лошади, и быка, и бабы, и мужика». Оказалась не готова, а кто теперь будет разбираться, — сама хотела.

Виген Геодакян, доктор биологических наук, Институт проблем экологии и эволюции РАН. Еще в благополучном 1974 году была напечатана статья Урланиса «Берегите мужчин», где автор призывал покрыть всю страну густой сетью мужских консультаций, чтобы спасать сильный пол. Мужчины и спиваются чаще, и чаще гибнут в драках (от уличных разборок до войн). Я, как ученый, заявляю: если спасать сильный пол, вред будет женщинам. Почему? Чтобы это понять, нужно знать биологию. Так вот, биологам до сих пор не было ясно, для чего природа создала два пола, икс- и игрек-хромосомы. Этой проблемой долго и безуспешно занимались Дарвин, Гольдшмит, Фишер и многие другие ученые мирового уровня... И лишь совсем недавно, в связи с новейшими генетическими исследованиями, родилась такая теория: мужской пол — экспериментальный, по сравнению с женским более «дешевый» и подверженный изменениям. Таким образом, женщины ответственны за сохранение генов, генотипа, мужчины — за изменение, за привнесение в генотип информации о меняющемся настоящем. И не надо искусственно спасать мужчин, кому надо — сами спасутся. Ведь даже если 90% мужчин нации погибнет, то, при условии сохранности женщин, ничего страшного в этом нет. Оставшиеся 10% будут носителями тех самых генов, которым суждено жить. Даже наоборот, для успешного изменения нации, ее выживаемости, нужна, если можно так выразиться, повышенная оборачиваемость мужчин. Это происходит во всем животном и растительном мире, и никто не делает из этого трагедии, не кричит: «Спасайте мужчин!» И действительно — рождаемость мальчиков растет в эпоху перемен. Народная мудрость верно подметила: много мальчиков — к войне, к каким-то напряженным социальным событиям. Если говорить о современной России, то можно сказать, что мужской пол сегодня повышенной смертностью платит за перестройку, за коренное изменение образа жизни нации. И самое главное — никакого «унисекса» в ближайшее время не будет. Пока на Земле происходит эволюция живого, мужчины и женщины будут продолжать по отдельности, но вместе осуществлять каждый свою миссию. А кто не будет — того эволюция, не задумываясь, вычеркнет из списка.

Евгений Андреев, заведующий лабораторией анализа и прогнозирования смертности, центр демографии и экологии человека. Сегодня в российском общественном сознании сложилась так называемая бандитская модель маскулинности. Идеальный мужчина — крутой парень при деньгах, на дорогой машине с автоматом в багажнике. Гибель мужчин в криминальных и бытовых разборках и автокатастрофах, а также от последствий пьянства и наркомании сопоставима с потерями военного времени. От этого плохо и мужчинам, и женщинам. Сегодня в России реально имеют деньги, преуспевают мужчины, которые не способны жить в цивилизованном обществе, где проблемы принято решать дипломатическими средствами, а не с помощью грубой силы. В такой ситуации о каком прогрессе может идти речь?

(Огонёк, № 14 (4689), апрель 2001 г.)

О СОЦИАЛЬНЫХ ПРОБЛЕМАХ

1. Бомжи

① **Прочитайте текст**

Мы сталкиваемся с ними на рынках и вокзалах, отсаживаемся от них в метро и автобусах, переступаем через их тела на тротуарах и в подземных переходах. Они больны почти всеми известными науке болезнями, дерутся между собой за право контролировать близлежащие мусорные контейнеры, пахнут, как химическое оружие, и выглядят так, как будто пережили затяжную ядерную зиму. А еще клянчат деньги «на лечение» и, получив желаемое, пропивают <u>со скоростью света</u>. Обычно мы называем их <u>бомжами</u> — то есть лицами без определенного места жительства и занятий. Однако это верно лишь отчасти.

Подавая бомжам милостыню, мы предполагаем, что скитальцами без крова и работы не становятся <u>по доброй воле</u>. Однако специалисты, изучавшие причины, толкающие людей к <u>бродяжничеству</u> и <u>попрошайничеству</u>, одной из наиболее многочисленных групп называют вполне трудоспособных личностей, принципиально не желающих работать, злоупотребляющих алкоголем и утративших жилье именно благодаря пристрастию к спиртному. И если прочие бомжи, оказавшиеся на улице по стечению печальных обстоятельств (развод, длительная болезнь, освобождение из <u>мест заключения</u>), как правило, стараются решить свои жилищные проблемы, то <u>алкашей</u> и <u>гуляк</u> их положение в <u>социуме</u> и пространстве вполне устраивает.

На сегодняшний день в Москве действует 12 учреждений социальной помощи бездомным. В этих местах всем желающим предоставляют первую медицинскую помощь, ночлег, возможность помыться и поесть. В столице работает несколько станций дезинфекции, сотрудники которых не только проводят санитарную обработку бомжей, но и бесплатно выдают им одежду и обувь. Однако бомжи пользуются услугами этих учреждений весьма неохотно. Милиционеры утверждают, что мытье и лечение не входят в привычки бомжей, потому что грязным и больным охотнее подают милостыню. Наблюдается в столице и такое необычное явление, как бомжи — хозяева комнат и даже квартир. Этим товарищам просто скучно выпивать в одиночестве, и они спускаются в метро, приходят на вокзалы и рынки в поисках компании.

Сегодня бомжи как социальный класс практически не интересуют милицию. По признанию самих <u>стражей порядка</u>, что-либо сделать с бомжом по современному российскому законодательству практически невозможно. Поскольку у нормального <u>бродяги</u> никогда нет денег, оштрафовать его за отсутствие документов нереально. Тащить же грязное, зловонное тело в отделение тоже не имеет смысла. А столичные <u>СИЗО</u> до того переполнены, что возиться еще и с бомжами, не совершавшими никаких тяжких преступлений, тамошним сотрудникам недосуг. Благодаря ратифицированной РФ медицинской конвенции, бродяг даже нельзя заставить пройти медобследование против их воли.

(АиФ, Москва, выпуск 34 (528) от 20 августа 2003 г.)

② **Что это значит?**

— со скоростью света
— бомж
— по доброй воле
— бродяжничество
— попрошайничество
— места заключения
— алкаш
— гуляка
— социум
— страж порядка
— бродяга
— СИЗО

③ **Ответьте на вопросы по тексту**

▲ Кто такие бомжи?

▲ Каковы причины появления бомжей на улицах городов?

▲ Как государство проявляет заботу о бомжах?

▲ Почему милиция не борется с бомжами?

④ **Ваше мнение**

• Можете ли вы назвать причины, по которым появляются бомжи?

• Что, на ваш взгляд, мешает законодателям принять жесткие законы против бродяжничества и попрошайничества?

• В каком обществе, по вашему мнению, не может быть деклассированных элементов?

• Бомж — продукт развития демократии?

• Есть мнение, что бомжи — люди, ведущие откровенно паразитический, асоциальный образ жизни, появляются лишь в свободных и высокоразвитых странах, в которых общество за свой счет их содержит. Что вы об этом думаете?

• Как жить с этим явлением людям, у которых в жизни все сложилось относительно нормально?

• Увеличивается количество столовых и ночлежных домов. Как по-вашему, это хороший выход из ситуации?

• Надо ли помогать бомжам? Как им можно помочь?

⑤ **Разные мнения**

Георгий Александров. Я уверен, что старая формулировка о том, что свобода каждого человека заканчивается там, где начинается свобода другого, позволяет мне протестовать против засилья в моем родном городе дурно пахнущих, больных и небезопасных соседей. Естественно, моя нетерпимость не распространяется на тех, кто действительно попал по воле случая в серьезную беду и всеми силами пытается стать нормальным человеком. Однако терпеть рядом постоянное присутствие оборванцев и алкашей, разносящих в общественном транспорте всевозможную заразу, я не согласен. А тем более поддерживать их жизнедеятельность на уплаченные мною налоги. Да, бомжи есть во многих странах, но попробуйте в Нью-Йорке выпить на центральной улице бутылку водки или в Берлине уснуть на проезжей части. За такие проявления неуважения к согражданам вас сразу же упекут в тюрьму, где вы будете отрабатывать положенный за подобное нарушение штраф. Так, может быть, нашим властям стоит подумать о благе законопослушного и уважающего окружающих большинства и принять необходимые меры для решения проблемы бомжей?

(АиФ, Москва, выпуск № 34 (528) от 20 августа 2003 г.)

Бомжи существовали всю историю человечества, и никто никогда не ломал голову над тем, как облегчить их жизнь. Воспринимать их нужно, как бродячих животных на улице, — они сами довели себя до уровня животных (и даже хуже — животные хоть следят за собой). Мой подоходный налог идет на бомжей, а социальный — на выплату им же пенсий, которые они пропивают (около 1/3 клиентов ночлежного дома получают пенсии!). Таким образом, они висят на шее налогоплательщиков дважды.

Геннадий Иванович, пенсионер. Сил уже никаких нет с этим бродячим элементом бороться! Они же в бомжатник все наши дома и подъезды превращают! Никому до этого дела нет — сколько мы по инстанциям разным ходили, пытались «выкуривать» их из подъездов — ничего не помогает! У нас в конце концов дети маленькие, а кругом такая зараза! Эти бомжи ведь не только житья нам никакого не дают, но и болезни всякие страшные разносят!

Светлана Максимова. Конечно, их жаль, ведь они тоже люди. Знаю по семьям своих друзей, что многие хотели бы помочь нашим живущим нечеловеческой жизнью нарвитянам. Но куда идти, кому помогать? А уж небольшой продуктовый набор многие могли бы соорудить. У нас под носом обездоленных — причем балансирующих между жизнью и смертью — сколько хочешь. Вот и помогли бы такие организации, как Соцдепартамент или ночлежка, реализовать нашим горожанам желание помочь ближнему.

⑥ **К вашему сведению**

По различным оценкам, в России на сегодняшний день от 4,5 до 6 млн лиц, так или иначе подпадающих под определение «бомж».

2. «Рабы»

① **Прочитайте текст**

В селе Усть-Каменка Новосибирской области сотрудники милиции освободили пятерых граждан, которые насильственно удерживались и использовались в качестве бесплатной <u>рабсилы</u> на ферме выходцев из Ингушетии. Между <u>правоохранителями</u> и <u>рабовладельцами</u> разгорелась оживленная дискуссия. Первые заявляют, что это криминал, подпадающий под статью «насильственное лишение свободы». Вторые квалифицируют содеянное как гуманизм: эти пятеро — <u>бомжи</u>, которых хозяин фермы собрал на железнодорожных станциях, предоставил им кров (сарай) и обеспечил пропитание. То есть хозяин спас падших людей от неминуемой смерти: от холода и голода. Освобожденные помещены в <u>приемник-распределитель</u>, где их помоют, подлечат, подкормят и выпустят на свободу в суровую сибирскую зиму.

Комиссия по правам человека при <u>ООН</u> ежегодно публикует доклад, посвященный проблеме <u>работорговли</u>. И всякий раз называется одна и та же цифра — 4 миллиона человек, которых международный <u>криминалитет</u> продает с целью использования в качестве бесплатной рабочей силы. Как правило, так обходятся с нелегальными эмигрантами, которых и отдают в сексуальное рабство, и принуждают работать на плантациях и в подпольных цехах. Естественно, рабов продают в так называемые цивилизованные страны. Однако условия их содержания не сильно отличаются от тех, в которых усть-каменские «гуманисты» держали пятерых бомжей. Явление это, несомненно, мерзкое. Но, увы, вполне уже традиционное.

(Консерватор, № 12 от 22 ноября 2002 г.)

② Что это значит?

- — рабсила
- — правоохранители
- — рабовладелец
- — бомж
- — приемник-распределитель
- — ООН
- — работорговля
- — криминалитет

③ Ответьте на вопросы по тексту

▲ Какое событие произошло в Новосибирской области?

▲ Как вы оцениваете действия хозяина фермы?

▲ Как используют бесплатную рабочую силу?

④ Ваше мнение

• Как по-вашему, что значит раб, рабство?

• Согласитесь ли вы с мнением, что рабство стало уже явлением традиционным? Аргументируйте вашу точку зрения.

• Как вы думаете, кто попадает в рабство в XXI веке?

• Какие страны, на ваш взгляд, являются поставщиками рабов?

- Есть мнение, что существует фабрика по производству калек-попрошаек. Выскажите свою точку зрения на этот счет.

- Говорят, что у каждого нищего есть хозяин. Подавая попрошайке, вы финансируете его хозяина. Что вы об этом думаете?

- Подавать милостыню или не подавать? Аргументируйте ваше мнение.

- Вам на глаза попалось объявление о высокооплачиваемой работе в ночном клубе за рубежом. Что вы думаете о подобных объявлениях? Остановите ли вы свою подругу, которая поспешит отправиться на заработки?

- Как, по-вашему, можно решить проблему рабства в XXI веке?

⑤ Разные мнения

Игорь Роднов, адвокат. Решить проблему рабства можно только на законодательном уровне, сделав этот вид бизнеса невыгодным и проблемным для организаторов. Были случаи, когда знакомые рабов просили оказать несчастным помощь и вытащить их из капкана. Но, как показывает практика, сами потерпевшие находятся под неусыпным контролем «смотрящих», да и желания писать заявления в милицию у них нет. Мало того, рабы-инвалиды настолько втягиваются в этот процесс, что считают сложившуюся ситуацию нормальной для жизни. Одним из условий появления рабов является наш правовой нигилизм. Не обращая внимания на содержание документов, поленившись поставить в известность о своей проблеме как родственников, так и представителей власти, люди сами делают шаг к яме, из которой выбраться практически невозможно.

Юрий Попов, председатель Комиссии Мосгордумы по законодательству и безопасности. О проблеме бродяжек и попрошаек я знаю. Но могу сказать одно: защитить этих людей мы не сможем, впрочем, как не сможем наказать их хозяев. У нас не разработана программа по защите свидетелей и потерпевших, поэтому мы сможем их только на время спрятать в социальных приютах. В Москве 11 домов ночного пребывания, социальных приютов и гостиниц, а также центров социальной адаптации. Правда, вмещают они всего 1852 человека и полностью загружены. Мы предоставляем попавшим туда койку с комплектом постельного белья и предметами личной гигиены, обеспечиваем талонами на одноразовое питание, оказываем первую доврачебную помощь и проводим санобработку, направляем нуждающихся в стационары на лечение, содействуем обеспечению протезами, слуховыми аппаратами, очками. Помогаем установить личность человека и оформить документы, в случае необходимости некоторых оформляем в дома-интернаты для инвалидов.

Василий, король попрошаек. «Неорганизованных» попрошаек в Москве практически нет. Вся территория поделена между тремя корпорациями: таджикской, азербайджанской и цыганской. В каждой из них несколько десятков тысяч сотрудников, а точнее, рабов, полностью принадлежащих своему хозяину. По собственному желанию нищий не может ни перейти от одного хозяина к другому, ни поменять «место работы», ни бросить ее. Каждому «сотруднику» хозяин определяет дневную кассовую выручку, так называемый дневник. Он рассчитывается так, чтобы нищему после «инкассации» оставалось только на дешевую водку и скудную еду. Если раб не выполняет «дневник», его жестоко наказывают. Но никогда не убивают — хозяева рачительно относятся к своей собственности. Обмануть хозяина практически невозможно — у него отлажена служба безопасности. Это люди, которых специально нанимают для скрытого контроля за нищими. Все нищие и побирушки, как правило, иногородние. В Москву их привозят со всех республик бывшего СССР специальные вербовщики. Детей либо покупают, либо берут напрокат в семьях алкоголиков. Взрослые мужчины нанимаются к работорговцу сами — за процент либо за кусок хлеба и водку. Попрошайки не могут долго работать на одном месте: их запоминают и перестают подавать. Поэтому хозяин постоянно меняет им места работы. Кроме того, все, кто занимается этим биз-

несом, находятся в тесном контакте и постоянно обменива-
ют и продают свой живой товар.

(Итоги, № 16, июнь 2004 г.)

⑥ К вашему сведению

Из неофициальных источников. По примерным оценкам, в
месяц короли нищих собирают с рабов от 3 до 6,5−7 млн долл.
Каждому калеке жестко определена обязательная норма дневной
выручки. Отстающих жестоко наказывают. Самый большой доход,
как правило, приносят дети в возрасте от 6 до 12 лет. Они должны отдать в кассу 5 тыс. руб. «Мамки» (их еще называют «мадонна-
ми») с грудными детьми сдают в кассу до 4 тыс. руб. Их «дети»
либо взяты напрокат (такса в день 200 долл.), либо украдены. В последнее время «мамок» теснят «собачники» — нищие с собаками.
Дневная выручка «ветеранов различных войн» в кассу составляет
не меньше 2 тыс. руб., а обычных попрошаек — 500−800 руб.

(АиФ, Москва, выпуск 8 (554) от 25 февраля 2004 г.)

3. Расисты

① Прочитайте тексты

Текст 1. **Информация.**

Каждый наверняка встречался с этими борцами за чистоту
славянской расы: стайки выбритых «под ноль» парней в высоких
армейских ботинках, камуфляже или черных подвернутых джин-
сах, коротких черных куртках. Это скинхеды, или, как они себя
называют, скины. Выражаясь языком науки, скинхеды — моло-
дежная субкультура, главное место в мировоззрении которой занимают неонацизм, расизм, агрессивные стереотипы поведения.
В России именно скины являются самыми откровенными раси-
стами. Их лозунги те же, что лозунги расистов по всему миру.
В 30-е годы на улицах Берлина и Мюнхена кричали: «Германия —
для немцев», сегодня в Москве и Питере слышны похожие при-

зывы: «Россия — для русских». И методы те же: избить каждого встречного с неславянской внешностью. Скинхеды появились у нас в начале 90-х. Их общая численность в стране 10—15 тысяч человек. Некоторая их часть объединена в организации. Но чаще собираются стихийно. Обвешавшись конфедератскими крестами и свастиками, они отправляются по улицам на «подвиги» — искать «расовых врагов». Общепризнанного лидера у скинов нет. «Шалости» скинов в борьбе с «инородцами» чаще всего остаются безнаказанными. Если молодых расистов арестовывают и дело доходит до суда, то мотив их поступков остается за рамками следствия, в деле фигурирует более мягкая статья за хулиганство. Можно, конечно, считать, что это — несовершенство закона: доказать расовую подоплеку случившегося непросто. Можно думать, что это результат безграмотности следователей и судей. Но можно предположить и то, что это — проявление определенного сочувствия расистам со стороны правоохранительных органов. Не зря сами скины подчеркивают, что в милиции и армии многие рассуждают так же, как и они. И если верить откровениям расистов, из некоторых отделов милиции их провожают напутствием «бить чурок сколько угодно».

(АиФ, Петербург, выпуск 7 (392) от 14 февраля 2001 г.)

Текст 2. **Говорят скинхеды:**

Просто так мы никого лупцевать не будем. Нас зря считают безмозглыми уродами — нам понятно, что уличными потасовками ничего не решишь. Да, мы можем «настучать» хачу, обвесившему на рынке, или студенту Лумумбария[9]. Ни для кого не секрет, что и нигеры, и кавказцы продают нашим ребятам героин. Пусть у себя там в Африке торчат! Да и зачем они вообще приезжают в Россию? Работать? А у них дома, что — земли нет? Просто они пахать и строить не хотят, им наши денежки нужны. Если бы черные у нас на заводах батрачили — им бы никто дурного слова не сказал. А негры вообще рабы по натуре, им на плантации надо. Что им тут мерзнуть? Кроме того, они свою культуру примитивную молодым ребятам впихивают: рэп, хип-хоп. А хачи тут пытаются свои законы и «понятия» навязать. А с нормальны-

---

[9] Московский университет дружбы народов, некогда носивший имя Патриса Лумумбы.

ми ребятами мы общий язык всегда сможем найти. Пусть приходят — нам есть о чем поговорить. Сейчас уродов много. Голову побреют, <u>гриндера</u> купят — и думают, что стали скинхедами. Но это та же шпана, <u>отморозки.</u> С ними разговор должен быть короткий — или <u>стрелку забивать</u>, или просто <u>мусоров</u> вызывать. Эти молодые, только когда их много, — герои. А настоящий скин будет до конца биться, мы ведь своим принципам не изменяем.

(АиФ, Я молодой, выпуск 5—6 (391—392) от 18 февраля 2002 г.)

② **Что это значит?**

Текст 1

— расист
— выбритые «под ноль»
— камуфляж
— скинхеды
— неонацизм
— расизм
— Питер
— неславянская внешность
— чурка

Текст 2

— лупцевать
— потасовка
— настучать (кому?)
— хач
— черные
— батрачить
— гриндера
— отморозок
— стрелку забивать
— мусор

③ **Ответьте на вопросы по текстам**

Текст 1

▲ Кто такие скины?

▲ Как относятся правоохранительные органы к действиям скинхедов?

Текст 2

▲ В чем скинхеды видят свою миссию?

▲ Чем настоящий скин отличается от «карликов»[10]?

▲ Как вы оцениваете позицию скинхедов?

---

[10] Так настоящие скины называют молодых хулиганов.

④ **Ваше мнение**

- Кто такие скины?

- С чем, на ваш взгляд, связано повление скинхедов?

- Почему молодые парни становятся скинами?

- Имеют ли скинхеды право на существование? Аргументируйте свою точку зрения.

- Чем вы можете оправдать действия скинов?

- Как по-вашему, что является признаками проявления нацизма и национализма?

- Как остановить расизм?

⑤ **Разные мнения**

Я не скин, я не фашист и я даже не националист, но я все же
отдам голос за скинов, потому что уважаю тех людей, которые хотят и способны сделать что-то ради идеи, а не ради
денег, карьеры и прочих обывательских суст.

Я являюсь человеком славянской расы, потому я считаю, что в
России должны жить славяне. Как любой патриот своей страны, я также считаю, что мы проживем без иммигрантов с
Кавказа, или с Дальнего Востока, или из негроидных стран,
каждый должен жить там, где он родился. А если человек,
будь он желтый, черный, красный или еще бог знает какой,
приедет в город или не говоря уже о районе, в котором я
вырос и ращу своих детей, да еще и привезет какую-нибудь
заразу (к этому я отношу все: от наркоты до музыки), я сам
лично выкину его оттуда и постараюсь, чтобы зараза не рас-
пространялась на моих потомков и сохраню свой генофонд.

«Скины» — это, на мой взгляд, как «неполноценные», «моральные уроды», «ущербные», «Богом обиженные», «воин-
ствующие рафинированные дураки» и так далее. Такие не
позволяют кому-то быть не такими, как они, не дадут быть

счастливыми, удачливыми, умными, здоровыми, обыкновенными, наконец! Они не только несчастны сами, но и создают и множат несчастья вокруг себя. Кому есть чем заняться, не будет соваться в чужие дела, а будет заниматься своими и наслаждаться жизнью, а эти придурки-мученики, не зная, куда деть свою дурную и злобную энергию вкупе с личной несостоятельностью, только и ищут, кого бы избить, унизить, извести.

Мне нравится свастика. Я люблю черные армейские ботинки, ремни с большими бляхами, подтяжки, и когда люди лысые — они выглядят круто. Я понимаю, конечно, что вся эта идеология бесполезна, мне это один знакомый наглядно доказал, но знаешь, как прикольно дать в морду? Причем когда он не может ответить. Нет, не то чтобы я трус, я не буду избегать драки с более сильным противником, но и удовольствия не получу.

Скины — тупые расистские ублюдки! ДАВИТЬ!

Не люблю этих дебилов. Как правило, это малолетние особи, у которых, с одной стороны, мозг еще не успел сформироваться, а с другой — надежды на то, что это произойдет, нет. Как правило, они формируют группы, потому что по одиночке трусы.

(Мнения молодых людей, опубликованные в Интернете)

Олег Бочаров, председатель Комиссии Мосгордумы по законности и безопасности. Мы боремся с проявлениями нацизма и национализма. Московской городской думой принят закон «Об административной ответственности за изготовление, распространение и демонстрацию нацистской символики на территории города Москвы», но в рамках только одного, хотя и самого большого города невозможно решить проблему в целом. Это общегосударственная проблема.

Александр Кузьмич Иванов-Сухаревский, глава Народной национальной партии. Правительство не понимает, что сейчас идет настоящая война, происходит массовое нашествие людей с Востока. Иными словами, третья мировая война уже началась, и фронт проходит по территории Москвы. В столице сосредоточено более 80% всех денежных средств России, и восточные люди (торговцы) это чуют и стекаются сюда в невероятных количествах. Сейчас массовому нашествию с Востока противостоят только подростки, объединившиеся по голосу крови. Дети 14—15 лет, не испорченные социалистическими комплексами. Но вспомните, кто делал революцию — те же подростки. И наши молодые ребята готовы ее сделать. Если шесть лет назад к выходцам с Востока неплохо относились, наш народ был к ним расположен, то теперь даже интеллигентные старушки, стоя в очередях, клянут кавказцев, понимая, что те хотят их выжить из квартир. Через год-другой уже вся Москва поднимется на борьбу, и их всех просто перебьют.

(АиФ, ноябрь 2001 г.)

⑥ К вашему сведению

В Москве насчитывается около четырех тысяч скинов. В Санкт-Петербурге 2500. По всей России их около 20 тысяч. В большинстве своем это старшеклассники, объединенные в группы и «не обремененные» идеологией. Однако в столице есть несколько скинхедских организаций, построенных по принципу строгой иерархии и почти армейской дисциплины: «Скинлегион», «Blood & Honor» (по 150 бойцов в каждой), «Объединенные бригады 88» (около 200 человек). Не менее опасной группировкой является «Русское национальное единство», или попросту РНЕ. Сейчас численность этого движения невелика, она колеблется у отметки 4000 по всей стране. Члены РНЕ призывают «встать на защиту своего народа и Отечества», то есть очистить Россию от недавних соседей по СССР. Еще одно ответвление ультраправых — русский проект «Великая Россия». Насчитывается около тысячи «великороссов» в Москве и по две-три сотни человек — в городах Подмосковья. Некоторые бригады, например «Экипаж Флинта» или «Бешеные мясники», пропагандируют идеи британского фанатизма.

4. Милиционеры

① Прочитайте текст

Наш страх перед милиционерами стал темой для сатириков. Обычные рядовые граждане не просто боятся обращаться в милицию, они даже боятся, когда милиционер проходит рядом. Попасть в облаву, попасть в «обезьянник», попасть под резиновую дубинку может буквально каждый. Свирепый вид милиционера, который отлавливает на улице всех, кто ему не приглянулся, создает момент ежедневного стресса у всех, кто ходит по этим улицам. И пока мы все граждане не научимся не бояться милиционеров — нормальной жизни у нас не будет. Ведущие юристы страны учат нас — чуть что, сразу же судиться с милицией, тогда милиционер сто раз подумает, прежде чем пристать к человеку: а не опасен ли этот человек для него, не вооружен ли знанием законов.

(Огонёк, № 38, 2002 г.)

② Что это значит?

— попасть в облаву
— «обезьянник»
— резиновая дубинка
— чуть что

③ Ответьте на вопросы по тексту

▲ Чего опасаются обычные граждане при встрече с милицией?

▲ Какую тактику поведения при встрече с милиционером нужно выбрать?

④ Ваше мнение

• Каково ваше отношение к правоохранительным органам?

• Нужно ли обычным гражданам знать закон или это дело юристов?

- Есть ли, на ваш взгляд, категории граждан, к которым милиция проявляет повышенный интерес?

- Как надо относиться к милиции?

⑤ Разные мнения

По моему сугубо личному опыту нельзя писать о таком страшном явлении, как наша милиция, с симпатией. Нельзя шутить над российским страхом перед «ментами». Я где-то читал, что в России численность личного состава органов правопорядка превышает количество военнослужащих всех родов войск. То есть мы живем в государстве, где милиция не только беспомощна, но даже опасна для обычных людей.

Сейчас народ милицию боится больше, чем бандитов. Бандиты посторонних не трогают.

(Огонёк, № 40, 2002 г.)

Есть категория граждан, страдающих от «ментов» чаще всех, — это так называемые лица кавказской национальности, которые постепенно научились обращаться с милицией так, что практически страх свои перед ней нейтрализовали. Если мы говорим о неотвратимости наказания преступника, о неумолимости закона, то, стало быть, и их исполнитель, в данном случае милиционер, должен внушать некоторый трепет. Не бояться, но побаиваться надо.

(Огонёк, № 38, 2002 г.)

О ЗАЩИТЕ ОКРУЖАЮЩЕЙ СРЕДЫ

1. Геофизическое оружие

① **Прочитайте текст**

В последнее время погода словно <u>сорвалась с цепи</u>. Масштаб и синхронность <u>стихийных бедствий</u> необычайной разрушительности, ударивших по Западной Европе и югу России, с трудом поддаются объяснению. Удушающая жара регулярно прерывается мощнейшими смерчами, сметающими все на своем пути. Часто объяснить подобные явления не могут даже ученые, и все больше людей склоняются к мнению, что под маской природных бедствий на планете действует «<u>климатическое оружие</u>».

Успехи военной метеорологии зашли настолько далеко, что <u>ООН</u> в 1977 году разработала особую Конвенцию о запрещении использования в военных или других враждебных целях техник изменения погоды, которую на сегодня подписали 48 стран.

Ученые обращают особое внимание на опасность, связанную с возможностью создания <u>геофизического оружия</u>, в основе действия которого предполагается использование средств, вызывающих стихийные бедствия, разрушение озонового слоя атмосферы.

К геофизическому оружию относятся средства, способные стимулировать землетрясения, возникновение волн типа цунами, изменение <u>теплового режима</u> или разрушение озонового слоя над определенными районами. По характеру воздействия геофизическое оружие подразделяют на *метеорологическое, озонное* и *климатическое*.

Наиболее изученным и опробованным на практике действием *метеорологического оружия* является провоцирование ливней в определенных районах. Для этого, в частности, использовалось рассеивание в дождевых облаках йодистого серебра или йодистого свинца. Целью этих действий может стать затруднение передвижения войск и особенно <u>тяжелой техники</u> и вооружений, образование наводнений и затопление значительных территорий. Метеорологические средства могут также применяться для рассеивания облаков в районе предполагаемого бомбометания для обеспечения прицеливания, особенно по точечным целям.

Климатическое оружие рассматривается как разновидность геофизического, поскольку изменение климата является следствием вмешательства в процессы погодообразования. Целью использования такого оружия может стать снижение сельскохозяйственного производства вероятного противника, ухудшение снабжения продовольствием его населения, срыв реализации социально-экономических программ, что в конечном счете должно привести к разрушению политических и экономических структур.

Озонное оружие может представлять набор средств для искусственного разрушения слоя озона над выбранными районами территории противника.

Применение новых видов <u>ОМУ</u> и даже угроза его использования будет направлена на достижение важнейших политических и экономических целей, в ряде случаев без ведения боевых действий в их традиционном понимании.

(Советник президента, № 4, апрель 2002 г.)

② **Что это значит?**

— сорваться с цепи
— стихийное бедствие
— климатическое оружие
— ООН
— геофизическое оружие
— тепловой режим
— тяжелая техника
— ОМУ

③ **Ответьте на вопросы по тексту**

▲ Что заставляет людей думать о действии климатического оружия?

▲ Чем различаются виды климатического оружия?

▲ В чем опасность применения климатического оружия?

④ **Ваше мнение**

• Что вы думаете о связи между природными катаклизмами и разработкой геофизического оружия?

• Что усложняет идентификацию видов ОМУ?

• Чем опасно появление озоновых дыр?

• Чем страшно изменение климата на земле?

• Нужен ли контроль над разработкой и применением ОМУ?

• В чем вы видите главную угрозу миру: со стороны уже существующих видов ОМУ или геофизического оружия?

⑤ **Разные мнения**

Министр обороны РФ Игорь Сергеев. Появление оружия на новых физических принципах, особенно на стратегическом и оперативном уровне, означает очередной качественный скачок в изменении содержания и развитии форм и способов вооруженной борьбы.

В. Поповкин, начальник штаба — первый замкомандующего космическими войсками. В целях предотвращения отрицательных последствий частичного разогрева верхних слоев атмосферы и ионосферы для Земли, представляется целесообразным призвать другие государства и мировую научную общественность к диалогу и последующему заключению международных актов, запрещающих проведение подобных испытаний и работ в верхних слоях атмосферы и ионосферы.

Владимир Белоус, директор Центра международных и стратегических исследований, профессор Академии военных наук, генерал-майор в отставке. Некоторые специалисты считают, что катастрофические последствия может иметь снижение всего на 1 градус среднегодовой температуры в области средних широт, где производится основная масса зерна. При осуществлении широкомасштабных истребительных войн за плодородные территории с помощью климатического оружия могут быть вызваны массовые потери населения больших регионов.

А. Волков. Невозможность контроля над применением геофизического оружия делает его опасным не только для страны, на которую непосредственно направляется воздействие, но и для всего мира.

(По материалам Интернета)

2. Захоронение ядерных отходов

① **Прочитайте текст**

На вопросы отвечает академик <u>РАН</u>, министр по атомной энергии России Александр Румянцев.

— *В Россию теперь официально разрешено ввозить отработанное ядерное топливо. Что, наша страна превращается во всемирную ядерную свалку?*

— Никакой свалки не будет. Но давайте сначала вспомним, что проблема ввоза отработанного ядерного топлива возникла в связи с необходимостью поддержки отечественного производителя, готового поставлять свежее топливо за рубеж. Это прекрасный рынок, который нельзя терять! Строительство одного блока атомной станции за границей может принести в <u>госказну</u> до миллиарда долларов. У нас есть все необходимое для успешной работы, включая высокие технологии. Наш обогащенный уран ничем не хуже импортного, на него есть спрос. Коль мы будем поставлять свежее топливо в неядерные страны, то обязаны забирать оттуда отработанное. Иначе нарушим договор о нераспространении делящихся материалов, из которых можно получить атомную бомбу. Понимаете? Если мы ввозим уран, то должны и вывезти его. Запад давно говорит нам, что мы не имеем права работать, допустим, в Индии и Иране, поскольку не забираем обратно отработанное топливо и тем самым создаем дополнительную угрозу распространения ядерного оружия.

Сегодня в мире накоплено 200 тысяч тонн отработанного топлива. Мы прикинули, что десять процентов от общего количества могли бы переработать. Вот сейчас мы вывезли из Болгарии 40 тонн отработанного топлива по цене 600 долларов за килограмм.

— *Это хорошо, но где эти сорок болгарских тонн теперь?*

— В специальном хранилище под Красноярском. Этот объект строился 10 лет, он находится в закрытом городе, где налажена мощная система безопасности и контроля.

— *И пресловутый <u>человеческий фактор</u> учтен? К примеру, диспетчер <u>бдительность потерял</u> и случилось <u>ЧП</u>. Что тогда?*

— Это так называемое мокрое хранилище, где по определению не может произойти ядерная авария.

— *А как застраховаться от неприятных сюрпризов при перевозке отходов? Эти 40 тонн надо ведь было как-то доставить в Красноярск.*

— Да, их везли по железной дороге. Были разработаны специальные защищенные контейнеры, куда загружается отработанный уран. Контейнеры выдерживают мощнейший удар о бетонную плиту, не горят в огне, не подвергаются деформации.

— *Но у людей есть основания тревожиться?*

—Сегодня в отрасли работают 350 тысяч человек, которые ежедневно соприкасаются с ядерным материалом. Не самоубийцы же они, правда? Если бы риск превышал разумную дозу, кто бы стал играть с этим? Да, единичные ЧП случались, но в основном при фундаментальных исследованиях. «<u>Зеленые</u>» кричат, что <u>Минатом</u> собирается превратить Россию в ядерную свалку, но молчат о законе, который также принят <u>Госдумой</u>. Он называется «О специальных экологических программах». Все деньги, полученные от утилизации отработанного топлива, будут строго подконтрольны. Все пойдет на экологию.

(АиФ, выпуск 17 (1122) от 24 апреля 2002 г.)

② **Что это значит?**

— РАН
— госказна
— человеческий фактор
— потерять бдительность
— ЧП

- «зеленые»
- Минатом
- Госдума

③ **Ответьте на вопросы по тексту**

▲ Почему в Россию ввозят отработанное ядерное топливо?

▲ Что учитывается при транспортировке и хранении ОЯТ?

④ **Ваше мнение**

• Что вы думаете о ввозе в Россию отработанного топлива из зарубежа?

• Как вы думаете, подвергают ли себя опасности люди, работающие с ядерными отходами?

• Каким образом можно избежать конфликта с другими странами из-за ввоза отработанного ядерного топлива?

• Как, на ваш взгляд, должны расходоваться деньги, поступившие от ввоза ядерных отходов?

• Что делать с ядерными отходами?

⑤ **Разные мнения**

93,5% жителей России, по данным опросов РОМИР, выступают против ввоза заграничного ОЯТ.

Евгений Ясин, бывший министр экономики России еще в 1996 году заявлял: «Отходы надо принимать однозначно. Лучше что-то делать, чем не делать ничего. Это рабочие места. Поскольку в России уже имеется множество своих ядерных могильников, то к ним можно подзахоронить и зарубежные ядерные отходы за дополнительную плату, и это будет стране только выгодно.

Владимир Жириновский, вице-спикер Думы. Ввоз ядерных отходов из-за рубежа может, во-первых, еще больше ухудшить экологическую обстановку в России, во-вторых, спровоцировать очередной взрыв антизападных настроений, и, наконец, большие сомнения вызывает способность российских властей обеспечить действительно безопасную переработку чужих отходов, когда оно еще не научилось справляться со своими. Нельзя сбрасывать со счетов и то обстоятельство, что ядерные отходы будут доставляться в Россию на грузовиках и баржах, которые, к сожалению, не застрахованы от разного рода неприятностей: поезд может потерпеть крушение, баржа затонуть. Ряд специалистов бьют тревогу: крупное увеличение количества перевозок радиоактивных веществ и ядерных делящихся материалов способно привести к невиданным по масштабам авариям на транспортных магистралях России. Такие аварии, скорее всего, будут характеризоваться обширным загрязнением радиоактивными веществами окружающей природной среды и облучением большого количества людей, а также парализацией чувствительных транспортных магистралей федерального значения. В стране сегодня накоплено собственных радиоактивных отходов и отработавшего ядерного топлива суммарной активностью в 6 миллиардов кюри, и у нас нет мощностей хранить и перерабатывать все это, не говоря уже о чужих отходах.

Алексей Яблоков, член-корреспондент РАН, сопредседатель Социально-экологического союза. В принципе я, как эколог, против ввоза на нашу территорию радиоактивных отходов и отработавшего ядерного топлива из других стран. Но если это делать разумно и под строгим контролем, то на этом можно заработать хорошие деньги.

(АиФ, Здоровье, выпуск 15 (348) от 12 апреля 2001 г.)

А. Румянцев, министр РФ по атомной энергии. Согласно международным соглашениям, в нашу страну ежегодно ввозится на переработку около 150—200 тонн отработанного ядерного топлива из Украины и Болгарии. Основное количество ОЯТ поступает в централизованное хранилище, которое расположено в г. Железногорске Красноярского края, часть идет в Челябинскую область, на ПО «Маяк». Это приносит России порядка 50—70 млн долларов в год. Часть этих денег направляется в бюджеты Красноярского края и Челябинской области (до 25 процентов в каждый регион) на социальные и экологические программы. Всего в нашей стране на сегодняшний день находится порядка 14 тысяч тонн отработанного ядерного топлива, в основном российских

216

АЭС. В 2001 г. были приняты законы, позволяющие России претендовать на 10 процентов из 200 тыс. тонн ОЯТ, накопленного в мире. Однако по новым законам зарубежное ОЯТ в нашу страну еще не поступало. России еще предстоит бороться за получение этих контрактов. Деятельность по хранению и переработке ОЯТ очень прибыльная. До 80 процентов этого рынка контролируется американцами. Нашими конкурентами являются также такие страны, как Англия и Франция.

Иван Блоков, директор по кампаниям Гринпис России. Разговоры о пользе для России ввоза ядерных отходов, мягко говоря, неправомерны. В настоящее время в мире не существует экономически и экологически приемлемой технологии по переработке ОЯТ. На ПО «Маяк», например, при работах получают огромное количество жидких радиоактивных отходов, по объему в тысячи раз превышающих перерабатываемое. Большая часть этих отходов закачивается под землю или сбрасывается в открытые водоемы. И прибыли от ввоза мы не получаем, более того, российской стороне придется дотировать проект ввоза ОЯТ для выполнения условий международных контрактов по их хранению и переработке.

(АиФ, выпуск 23 (1180) от 4 июня 2003 г.)

3. Китобойный промысел

① **Прочитайте текст**

Люди охотились на китов на протяжении нескольких тысяч лет, однако в девятнадцатом веке это стало важным промыслом, так как усиленная <u>индустриализация</u> и <u>урбанизация</u> требовали масла для освещения жилищ, которое можно было получить из китового жира. Мясо и другие части китов также использовались, однако промышляли на китов в основном из-за их жира. С развитием нефтяной промышленности в конце девятнадцатого века значимость китобойного промысла значительно снизилась, однако люди все еще продолжали охотиться на китов ради их мяса и других продуктов, а использование новых технологий облегчало охоту. <u>Вымирание</u> или уменьшение численности многих видов китов и вместе с тем данные о разумности и социальной природе китов привели к призыву регулировать охоту на китов и созданию Международной Комиссии по Китобойному Промыслу. <u>МККП</u> ввела запрет на охоту на китов в 1982 г., который фактически вступил в силу с 1986 г., когда была произведена приблизительная оценка численности китов.

② **Что это значит?**

— китобойный промысел
— индустриализация
— урбанизация
— вымирание
— МККП

③ **Ответьте на вопросы по тексту**

▲ Почему китобойный промысел был так важен?

▲ Почему был введен запрет на китобойный промысел?

④ **Ваше мнение**

• Важен ли сейчас китобойный промысел?

• Необходимо ли сохранять численность китов?

• Нужно ли отменить международный запрет на охоту на китов?

⑤ **Разные мнения**

Численность китов достаточно велика, поголовье отдельных видов достигает миллиона и выше, так что возобновление регулируемого китобойного промысла не скажется неблагоприятным образом на их численности.

Экскурсии, во время которых туристы могут наблюдать китов в их естественной среде обитания, приносят в настоящее время биллион долларов ежегодно, больше, чем приносил китобойный промысел до того, как был введен на него запрет. Вся эта индустрия и рабочие места, которые она создаст, будут поставлены под угрозу, если количество китов начнет уменьшаться или если эти умные животные начнут вести себя более осторожно по отношению к людям.

Так как многие киты являются хищниками, они приносят значительный ущерб стаям рыб, от которых люди также зависят как от источника протеинов, а некоторые народы и как источника средств существования. Уменьшение численности китов необходимо и для того, чтобы предотвратить сокращение рыбных стай.

Мнение экологов. Если сегодня и нужно тратить деньги, то не на изучение китов, а на их спасение. Ведь осталось-то их всего сотня. И они действительно вымирают. Это связано напрямую с развитием нефтегазовых проектов у северо-восточного побережья Сахалина, куда киты приходят кормиться и выращивать детенышей. В этих краях их уже несколько лет ждут шум от сейсморазведочных работ, интенсивное судоходство и загрязненное буровыми отходами море.

Координатор морской программы Всемирного фонда дикой природы (WWF России) Василий Спиридонов: Нужно срочно создавать китовый заказник. Только это может спасти китов.

(Новая газета, № 12, февраль 2003 г.)

4. Животные в сфере развлечений

① **Прочитайте текст**

На вопросы отвечает директор московского зоопарка Владимир Владимирович Спицын.

— *Как вы относитесь к запрету португальской корриды?*
— Корриду нужно было разрешить. Выбор должны были сделать люди. Не все в состоянии поехать в Испанию или Португа-

лию. Я бы лично не пошел на представление, но запрет — это не лучшая форма.

— *А по поводу запрета зоопарков «зеленые» не выступают пока? Цирк уже обещали запретить...*

— У нас в стране — пока нет. В мире некоторые выступают против зоопарков и дельфинариев. В цирке же я работал на заре своей молодости униформистом, поэтому я к нему отношусь положительно.

— *У меня друзья на Птичьем рынке недавно купили крокодила...*

— Это ужасно!

— *А как вы считаете, это хорошо, что есть право продавать таких животных, или это надо запретить?*

— Птичий рынок — вещь хорошая, потому что тысячи людей впервые познакомились здесь с рыбками, канарейками, голубями, кроликами, собаками, кошками... Но есть и плохая сторона: слабый контроль за продажей контрабандных животных. Их нельзя продавать на Птичьем рынке, ведь дома диким животным не могут создать нормальных условий. Грустно, что некоторые держат в квартире и леопарда, и рысь... Даже карликовых бегемотов заводят! К нам в зоопарк очень много попадает животных, с которыми поиграют два-три раза, а потом выбрасывают.

— *У вас есть научный центр. Вы делитесь накопленными знаниями?*

— Практически через год мы издаем сборник научных статей. Если хотите получить наш сборник — приезжайте в зоопарк.

— *Зоопарк находится в центре города, где очень грязный воздух. На животных это влияет?*

— Как и на людей. Мы сделали бетонный забор высотой 2,5 метра для того, чтобы выхлопные газы напрямую не летели на территорию зоопарка.

— *Скажите, правда, что в провинциальных зоопарках России царит разруха?*

— В основной массе зоопарков положение действительно очень тяжелое. Сегодня зоопаркам, кроме Москвы, выделяются деньги только на зарплату сотрудникам и кормление животных.

(Известия, 14 сентября 2001 г.)

② **Что это значит?**

— коррида
— «зеленые»

— Птичий рынок
— контрабандные животные
— разруха

③ Ответьте на вопросы по тексту

▲ Какие вопросы задавали директору московского зоопарка?

▲ Как относится господин Спицын к корриде, циркам?

▲ Что думает господин Спицын о содержании диких животных в квартирах?

▲ Как живет московский зоопарк?

▲ Как складывается жизнь провинциальных зоопарков?

④ Ваше мнение

• Что вы думаете о зоопарках, дельфинариях, цирках?

• Что же такое современный зоопарк — тюрьма, где томятся несчастные животные, или современный Ноев ковчег, дающий возможность сохранить исчезающие виды?

• Нужно ли запретить содержание животных в зоопарках?

• Приемлемо ли с нравственной точки зрения использовать животных как источник развлечения в зоопарках, цирках, на скачках, корридах и т.д.?

• Следует ли запретить виды спорта и развлечений, в которых участвуют животные?

• Что вы думаете о покупке населением и содержании у себя дома диких животных?

⑤ Разные мнения

Настало время официально запретить зоопарки, эти гетто для животных. Многие из них — не что иное, как настоящие концентрационные лагеря для диких зверей.

Хельмут Пехланер, директор зоопарка в Вене. Не существует слишком тесных зоопарков. Есть зоопарки, в которых слишком много зверей.

Программа по размножению в неволе диких животных объединяет практически все европейские зоопарки. Зоологи и ветеринары разрабатывают специальные программы по размножению редких и даже исчезающих видов животных с целью их возвращения в те места, где эти животные когда-то обитали. Благодаря успешной работе зоологов берлинского зоопарка в немецких лесах опять появились почти исчезнувшие филины, а Мюнхенскому зоопарку удалось осуществить программу по разведению редкого вида газелей, обитавших некогда в Марокко.

В Копенгагене, чтобы избежать перенаселения зоопарка, его сотрудникам уже несколько лет подряд ежегодно приходится усыплять по несколько медведей, львов, тигров, леопардов и антилоп.

(Человек и природа, 19 марта 1999 г.; 16:30 UTC; 19:30 Московское время)

Зоопарки не могут помочь в углублении знаний о животных, так как единственный способ хорошо узнать животных — это наблюдать их в их естественной среде обитания. Зоопарки же дают лишь искусственное и неверное представление о животных, так как здесь они изолированы от своей экосистемы.

Некоторое время назад я узнала, что такое цирк, что там дрессировщики делают с животными... Это надо запретить законом. Зверей в цирке не должно быть вообще! Разве можно радоваться тому, как бедное животное выполняет приказы, понимая, что иначе его будут мучить?.. Я удивляюсь: почему люди не понимают этого? Каждый день цирк полон. Дети, конечно, не понимают, но почему радуются родители, видя, как их ребенок превращается в маленького садиста, получающего удовольствие от вида изможденных животных?

(Новости Петербурга, № 2, 1999 г.)

Я тоже не понимаю, как можно превратить в РАЗВЛЕЧЕНИЕ исковерканную жизнь ЖИВОГО существа. Что видят дети, бывая в зоопарках (особенно наших)? Разве это — норма? Разве стоят наши познавательные потребности вот ТАКОЙ цены? Как мы можем воспитать детей в гуманистических традициях, если с самого раннего детства закладываем в них идеи наси-

лия над слабым, показываем примеры безответственного отношения к тем, кто от нас зависит.

(Невское время, № 234 (2115), 17 декабря 1999 г.)

5. «Тестировано на животных»

① **Прочитайте текст**

Братьев меньших используют для опытов давно и постоянно.
Как обязательную надпись мы читаем: «Тестировано на животных». А нужно ли это тестирование? 65% животных умирает при
проверке безопасности лекарств, 26% — при различных технических испытаниях, 8% составляют космические «потери» и смерть
на проверках новых химических соединений, 1% зверья уходит
на так называемые «образовательные нужды», то есть под нож
студентам мед- и биофаков.

Борцы за права животных обычно отговаривают людей от ношения шуб и одежды из кожи, мотивируя тем, что ради одной шубы
приходится убивать 60—80 соболей, 16—20 бобров, 100—400 белок и
так далее. Про их братьев, гибнущих в исследовательских лаборатори-
ях, обычно говорится вскользь, поскольку борцов туда не пускают.

Для проверки новых лекарственных веществ животных обжи-
гают, отравляют газом и цианистыми соединениями, морят го-
лодом, «подсаживают» на наркотики, бьют током и заморажива-
ют, расстреливают пластиковыми пулями, провоцируют у них
артрит, рак, диабет, язву желудка, сифилис. Но организм живот-
ного, мягко говоря, не адекватен организму человека. Современная фармакология насчитывает до 150 препаратов, которые при
зоологических испытаниях показали положительные результаты,
а для человека оказались опасными. В 60-х годах погибло более
3500 больных астмой, использовавших проверенные на животных аэрозольные ингаляторы.

Настала пора «вредное производство» сворачивать. Примерно на
75% его можно сократить, если использовать для тестирования не
организм зверя, а культуры клеток, бактерии, эмбрион яйца, различные компьютерные модели и физико-химические методы. Аль-

тернативные методы позволяют вычислить токсичность препаратов на клеточном, а иногда и субклеточном уровнях. Россия пока работает по старинке, до сих пор руководствуясь указом от 1977 года, который разрешает использовать животных в экспериментах. Альтернативные методы у нас занимают меньше десятой доли процента.

(АиФ, Здоровье, выпуск от 24 октября 2002 г.)

② Что это значит?

— братья меньшие
— подсадить на наркотики
— фармакология
— «вредное производство»
— сворачивать производство

③ Ответьте на вопросы по тексту

▲ Какой опыт проверки лекарств существует в России?

▲ Какова цель проведения тестов на животных?

▲ К чему призывает автор статьи?

④ Ваше мнение

• Как по-вашему, зачем тестируют лекарства?

• Что вы думаете о тестировании на животных?

• Правильно ли переносить результаты подобных опытов на человека?

• Что вы думаете об альтернативных методах тестирования (стоимость, сложность, целесообразность и т.д.)?

• В каких случаях вы допускаете тестирование на животных?

⑤ Разные мнения

Доктор В. Коулман, член Британского Королевского медицинского общества. Я не могу вспомнить ни одного значительного успеха в медицине, который явился бы результатом экспериментов на животных. Хотелось бы знать, сколько еще миллионов животных будут принесены в жертву, прежде чем мы откажемся от бесполезной и варварской практики экспериментирования на животных.

Лена. Бороться надо с теми, кто уничтожает виды, живущие на воле, а не с теми, кто выращивает животных для нужд человечества. Мы НЕ СМОЖЕМ прожить без такого производства, так как любая искусственная вещь или продукт никогда не сравнятся по свойствам и качествам с натуральным продуктом.

Наташа. Животные не обязаны платить своей жизнью за человеческое тщеславие. Пусть человек сам отвечает за свои изобретения.

Юля. Я раньше считала, что любые эксперименты над животными бесчеловечны, но со временем поняла, что без этого никак. Единственное, что утешает, это то, что экспериментаторы обязаны обеспечить полное обезболивание. Меня очень радует, что некоторые отказываются от мучений животных в условиях, когда тестирование можно провести другим способом.

Сергей. Ну не доросла еще наука до таких вершин, что можно обойтись без тестирования на животных. Как тестировать лекарства?! Или некоторые предпочтут смерть ребенка смерти мыши или свиньи?

Максим. Если приедете за границу, то лучше не заикайтесь о том, что вы одобрительно относитесь к экспериментам на животных. На западе считают это злом. Я повторяю, злом, потому что уже существует масса альтернативных методов тестирования косметики и медицинских препаратов.

(По материалам Интернета)

О КОСМОСЕ

1. Надо ли проводить изучение космоса?

① Прочитайте текст

В то время как Китай только начинает реализацию своей космической программы, Россия и США, основатели Космического клуба, постепенно <u>сворачивают</u> былую <u>активность</u> и сокращают финансирование национальной космонавтики. Так, Россия выделяет на исследования космоса всего 266 <u>млн</u> долларов в год — это меньше 2% от 14,7 <u>млрд</u> долларов, которые получает Национальное космическое агентство США (НАСА). Это даже меньше половины той суммы, которую расходует на космические программы Индия. Однако американские миллиарды — это стоимость всех вообще работ и исследований в области космонавтики. А программы полетов к Международной космической станции (МКС) американцы после катастрофы <u>шаттла</u> «Колумбия» 1 февраля 2003 г. и начала войны в Ираке серьезно сокращают. На их осуществление комитет сената по ассигнованиям выделил в 2004 г. всего 250 млн долларов — почти вдвое меньше, чем в 2003 г.

(Еженедельный журнал, № 93 от 27 октября 2003 г.)

② Что это значит?

— сворачивать активность
— млн
— млрд
— шаттл

③ Ответьте на вопросы по тексту

▲ Чем занимается НАСА?

▲ Какие страны занимаются космическими исследованиями?

▲ За какими странами признано лидерство в космонавтике?

④ Ваше мнение

• Как вы считаете, сохраняет ли Россия лидирующее положение в космонавтике?

• Что вы думаете об отправлении экспедиции на Марс?

• Стоит ли тратить большие деньги на покорение космоса? И если да, то какими должны быть приоритеты космической программы?

• Какую сумму из собственного кошелька лично вы готовы потратить на освоение космического пространства?

• С чем, на ваш взгляд, может быть связано сокращение расходов на изучение космоса?

• Какие проблемы Земли, на ваш взгляд, может решить активное исследование и заселение Солнечной системы?

• Считается, что ближайшее будущее за космическими роботами. Они надежнее, дешевле и позволяют соблюсти объективность и чистоту эксперимента куда лучше, чем люди. Что вы думаете о непилотируемой космонавтике?

• Ради чего стоит рисковать жизнью, продолжая развивать пилотируемую космонавтику?

⑤ Разные мнения

Обсудите мнения, опубликованные в Интернете.

Дмитрий. Безусловно вкладывать! Космос подстегивает иные отрасли, он делает доступными вещи, которые еще вчера казались фантастикой. Только вот вложения в него должны идти плавно и постоянно. А по поводу расходов — они всегда были невелики, особенно по сравнению с расходами на содержание бюрократического аппарата. Я готов платить и больше, причем прямо сейчас. Отказаться от финансирования космоса — это значит отказаться от мечты. И окупаем он может быть хоть завтра — представляете, сколько людей захочет посмотреть на изображение, передаваемое десятком веб-камер на поверхности и спутниках Луны?

Антон. Мне кажется, что в такой области, как космос и его освоение, надо взяться всем странам. Мне кажется, ни одна страна в мире не сможет покорить космос самостоятельно, покорение космоса должно быть делом общим. Только вместе мы сможем добиться успеха. Посылать человека на Марс или другую планету в наше время это равносильно самоубийству.

Владимир. Главное — занимающиеся космосом получают в процессе этого новые технологии и материалы для коммерческого использования. Хрестоматийный пример — тефлон (фторопласт). Космос — это геологоразведка и археология. Это военная разведка и всеобщий Интернет. Это спасение терпящих бедствие... Конечно, немедленной выгоды исследование дальнего космоса и иных планет все это не сулит. На космос тратить деньги необходимо! Хотя траты должны быть посильны для государства и не входить в противоречие с нищетой граждан.

Вадим. Я лучше $1000 заплатил бы какому-нибудь фонду для того, чтобы остановить войну в Чечне. Думаю, пользы от этого было бы несколько больше.

Светлана. Думаю, что правы те, кто считает, что деньги нужно тратить. Колония на Луне или полет на Марс — не самоцель и сами по себе ощутимую выгоду вряд ли принесут. А вот постановка и решение сложных технических задач, несомненно, послужат развитию новых технологий, о которых мы пока и понятия не имеем.

Вася. Вложение денег в космические проекты является одним из видов рекламы технической продукции страны, осуществляющей эти проекты. Так что это просто выгодно. Плюс политические дивиденды. Значит, конечно, тратить.

Олег. Я сегодня был во Владимирской области. В деревне. Нищета и алкоголизм. В семь часов вечера уже не светится ни одно окно. Ради интереса спросил у местного алкоголика: надо ли тратить деньги на космос? Посмотрел на меня как на идиота. Этим людям космос не нужен. А это, между прочим, значительная часть наших соотечественников. Россия — это не только Москва.

Алина. Необходимы ограниченные траты, строго соответствующие разумным пределам. Большие проекты необходимо организовывать на международном уровне.

Игорь. Земляне! Ну куда вы лезете?! Космос, Луна, Марс... У вас на Земле люди мрут от голода, а все туда же. Что вы хотите дать Космосу? Звездные войны, безудержное размножение, хищническое потребление ресурсов? Разберитесь сначала на Земле.

Анна. Таких денег тратить не надо. Даже высадка автоматов — почти бессмысленная затея. Большая часть задач, связанных с этим, решена тридцать лет назад. Пора заняться полезными вещами — спутниковым видеофоном.

⑥ **К вашему сведению**

Суждения респондентов (в % от числа опрошенных по России)

А) Почему следует отправить экспедицию на Марс?

Развитие науки — 32
Получение новой информации — 17
Научный прогресс — 11
Изучение проблемы жизни на Марсе — 4
Авторитет России — 12
Лидирующее положение России в космонавтике — 6
Поднятие престижа России — 4

«Россия не хуже других стран» — 2
Это интересно — 3
«Пусть летят» — 3
Польза для человечества — 1
Другое — 1
Нет ответа — 50

Б) Почему не следует отправлять экспедицию на Марс?

Финансово-экономические причины — 18
Наличие более насущных проблем — 9
Слишком большие денежные затраты — 5
Бесполезная трата денег — 3
Трудное финансовое положение России — 3
Бессмысленность проекта — 2
Возможность гибели экипажа — 1
Экологическая опасность — 1
Другое — 1
Нет ответа — 78

(Россия и космос, 11 апреля 2002 г., опрос населения)

2. Надо ли отправлять в космос туристов?

① **Прочитайте текст**

Через 20 лет космический туризм превратится в новую сферу индустрии развлечений: по прогнозам специалистов, ежегодно в космос смогут полететь до 15 тысяч состоятельных любителей острых ощущений. Стоимость «путевки» не превысит миллиона долларов (первые космические туристы заплатили по 20 миллионов). Самый дорогостоящий этап космического путешествия — доставка на орбиту. Но со временем и она может подешеветь: для этого, по мнению специалистов «Росавиакосмоса», необходимо наладить производство относительно недорогих и максимально безопасных многоразовых носителей. Кроме Международной космической станции, путешественников будут принимать и другие «внеземные гостиницы»: проект создания семейства малых орбитальных станций (МОС) уже сейчас разрабатывает российская компания ATLAS Aerospace, в свое время готовившая к полету первых космических туристов.

(Еженедельный журнал, 27 октября 2003 г.)

② Что это значит?

— путевка
— «Росавиакосмос»
— многоразовые носители

③ Ответьте на вопросы по тексту

▲ Что такое космотуризм?

▲ Над чем предстоит работать специалистам «Росавиакосмоса»?

④ Ваше мнение

• Как вы можете объяснить желание полететь в космос?

• Национальное космическое агентство США (НАСА) заявляет, что финансовая выгода от коммерческих рейсов в космос ничтожна, пользы от «туриста» никакой, зато хлопот масса. Почему же подобные рейсы не прекращаются?

• Что вы думаете по поводу высказывания о том, что в недалеком будущем космический туризм превратится в новую сферу индустрии развлечений?

• Во сколько, по-вашему, должно обойтись туристу путешествие в космос?

• Как вы себе представляете внеземные гостиницы?

• Есть мнение, что рано или поздно произойдет социальное расслоение на тех, кто уже слетал в космос, и всех остальных. Нищие в космос летать не могут, и даже «средний класс» не может. Что вы об этом думаете? Как это, на ваш взгляд, может повлиять на общественное сознание?

• Выскажите ваше мнение по поводу коммерческих рейсов в космос?

⑤ **Разные мнения**

Юрий Коптев, гендиректор «Росавиакосмоса». Еще два-три года назад этот вид услуг вызывал лишь улыбки. Хотя космический туризм начался не с Денниса Тито (американский миллионер, первым заплативший за «билет» на Международную космическую станцию), а с полетов восточноевропейских союзников во времена соцлагеря. Тогда это была политика, сегодня — деньги. И важность коммерциализации космических проектов понимают все участники рынка. Недаром НАСА заявило о необходимости отдать под такие программы 30 процентов ресурсов МКС. Речь идет не только о туризме, но и о коммерческих проектах исследования невесомости, поиске новых технологий производства материалов и лекарств. Туризм — одна из составляющих. После полета Тито благодарил нас за осуществление, как он выразился, «мечты всей его жизни». А для кого-то такой полет — способ самовыражения. Не исключаю, что скоро будут реализованы и первые программы шоу-бизнеса в космосе. Были бы деньги.

(Итоги от 9 августа 2004 г.)

Вадим Гущин, психолог Института медико-биологических проблем, где проходят отбор космонавты и космические туристы. Полет в космос — поступок из разряда не осуществимых для большинства. Турист, я говорю обо всех видах туризма, — не ученый, не врач, не географ, не астроном. Он исследователь самого себя и своих возможностей. Побывав на орбите, можно что-то в себе понять и что-то полюбить больше, чем ты любишь сейчас. Вид сверху на маленькую круглую Землю коренным образом меняет ваши представления о жизни. Опыт показывает, что все свободное время космонавты проводят у иллюминатора. Те, кто стремится в космос, не находят в обыденной жизни того, что надеются обрести в полете. Чего им не хватает? Наверное, жизнь слишком спокойная, слишком мало в ней перца. А сложнее и опаснее полета в космос не придумано пока экстремального развлечения. Имейте в виду, что после полета человек сильно меняется. Космотуризм — очень специфический отдых, и не всем он покажется привлекательным. Будут и те, кто полетит по ошибке. Заплатит большие деньги, а удовольствия не получит. Чтобы этого не про-

232

изошло, надо иметь четкую модель полета. У первых туристов модель неизбежно будет неправильной до тех пор, пока не накопится масса людей, объединенных одним опытом. Тогда появятся клубы, где те, кто уже слетал, будут общаться с тем, кто хочет слетать. Выяснится, что некоторым и лететь-то не надо. Участие в эксперименте на Земле вполне заменит им полет в космос. Космическая пища, барокамеры, центрифуги вроде тех, которые стоят у нас в институте, хорошие симуляторы невесомости — может быть, им нужно именно это.

(Огонёк, № 24 (4752), июнь 2002 г.)

Марк Шаттлворт, турист-миллионер из ЮАР. Это лучшее вложение капитала, какое можно себе представить. А космос и сам полет просто превзошли мои ожидания. Все оказалось гораздо лучше, чем я мечтал. Если представится еще такая возможность, я буду счастлив все повторить, не раздумывая ни минуты. Поразила Земля — такая красивая и такая маленькая. Она действительно голубая — моря, реки, озера. И все видно, все страны. Даже ЮАР можно рассмотреть, правда ее не очень хорошо видно, она все время была в тени. И еще поразила невесомость, настоящая, космическая. Это непередаваемо. Хотя на тренировках в Звездном городке я уже не раз испытывал это чувство, но все равно в космосе все по-другому — острее, сильнее. К этому, мне кажется, нельзя привыкнуть.

(Огонёк, № 24 (4752), июнь 2002 г.)

Ксения Собчак. Я хочу заняться космическим туризмом. Надеюсь, что моя мечта осуществится прямо в ближайшем будущем.

(Молоток, № 27, 2004 г.)

3. Одни ли мы в этом мире?

① **Прочитайте текст**

Пишу от отчаяния. Уповаю на вас, как на последнюю инстанцию, которая может помочь. Несмотря на то что я подписал документ, по которому не имею права рассказывать о том, чем занимаюсь, я собираюсь нарушить данное мною слово, так как считаю, что от этого станет лучше всем.

Я окончил военно-медицинскую академию. В год выпуска я подписал пятилетний контракт (скоро истекает его срок). После этого я отправился служить в спецвоенчасть. В принципе, о нашей части уже писали в прессе. Мы занимаемся изучением аномальных явлений, в том числе НЛО и инопланетян. Это письмо меня заставили написать даже не хронические невыплаты зарплаты, а недофинансирование научной работы. Если говорить проще — на прокорм инопланетян не хватает денег. У нас собраны уникальные образцы, каждому из которых нужны свои условия, определенный набор белков. Из-за того, что нет денег, многие виды через некоторое время могут погибнуть.

На мой взгляд, гораздо проще объявить общемировую программу поддержки инопланетных жителей. Но наше начальство уверяет нас в том, что все это сверхсекретно. Надеюсь, что это письмо не останется без внимания.

P.S. По понятным причинам прошу не называть мою фамилию.

(Огонёк, № 29, август 2000 г.)

② Что это значит?

— подписать контракт
— спецвоенчасть
— пресса
— аномальные явления
— НЛО
— инопланетяне
— сверхсекретно

③ Ответьте на вопросы по тексту

▲ Что заставило человека обратиться в редакцию журнала?

▲ Какой способ решения проблемы предлагает автор письма?

▲ Почему автор пожелал остаться неизвестным?

▲ Как бы вы ответили на это письмо?

④ **Ваше мнение**

- Что вы думаете о существовании НЛО и инопланетян?

- В чем, по-вашему, состоит превосходство инопланетян перед землянами?

- По-вашему, они прилетают на Землю на тарелках или используют другой вид транспорта?

- Какие цели преследуют инопланетяне, навещая нас?

- Почему землян так интересует вопрос о существовании инопланетных жителей, а также изучение других планет?

- Надо ли готовить людей к встрече с инопланетянами? Почему?

- Как вы думаете, сколько денег государство тратит на изучение других планет? Может быть, стоит эти деньги отдать врачам и учителям?

⑤ **Разные мнения**

Знаете, есть ли жизнь на Марсе, нет ли жизни на Марсе, мне наплевать. Миллионы рублей расходуются впустую. Ну, обнаружат они инопланетян, а дальше что? На Землю их пригласят?

По нашей Галактике разбросаны десятки, сотни, а может быть, тысячи «клонов» Земли. Пока еще сложно сказать, сколько «голубых планет» с водой, воздухом, стабильной температурой и щитом, защищающим их от комет и астероидов, находится в этой системе. Однако уже сейчас можно утверждать, что они есть, их много и на каждой из них может существовать жизнь: простые бактерии, разумные существа или умершие организмы. Тот факт, что «мы не одни», уже не вызывает сомнения у итальянских ученых. Они подтверждают это наличием в Галактике впечатляющего количества звезд, подобных нашему Солнцу (около 1200), и планет, вращающихся вокруг них (102).

Сообщений о контактах человека с НЛО, гуманоидами становится все больше. Увеличивается количество посещений так называемых «аномальных зон». Хотя до конца природа НЛО еще не понята, можно считать установленным, что данный феномен как физическое явление существует. В связи с этим весьма актуальным становится вопрос о соблюдении соответствующей «техники безопасности». Ведь, как правило, в случаях контакта с НЛО человек подвергается воздействию непонятного вида энергии, порой с трагическим исходом.

(НЛО и Секретные проекты. http://ufo.kiev.ua)

О СОВРЕМЕННЫХ СРЕДСТВАХ СВЯЗИ

1. Мобильник: друг или враг?

① **Прочитайте текст**

О вреде мобильных телефонов пишут много и часто. Их обвиняют в возникновении головных болей, гипертонии, усталости и опухолях. Множество исследований доказало, что все это не слишком соответствует действительности, однако <u>нет дыма без огня</u>.

Первый скандал вокруг мобильного телефона возник несколько лет назад. Один добропорядочный гражданин обвинил компанию, производящую телефоны, в недостаточной безопасности выпускаемых ею изделий. Опухоль головного мозга, которая возникла у жены этого американца, находилась прямо около уха. Причем, как утверждали очевидцы, именно к этому уху предпочитала заболевшая прикладывать свой мобильный телефон во время разговора.

На деньги компаний-производителей было проведено несколько исследований. Естественно, что выводы были просты и однозначны — мобильный телефон безопасен для человека. Общество было не удовлетворено такими результатами. В США и странах Западной Европы начались крупномасштабные исследования вреда электромагнитных излучений, исходящих от мобильных телефонов. Выводы теперь уже получились неоднозначными. Для взрослых людей мобильный телефон не представляет опасности, а вот для детей и подростков, одним словом, для растущих организмов телефон может представлять определенную опасность.

(Лита.ру, июль 2001 г.)

② Что это значит?

— мобильник
— нет дыма без огня

③ Ответьте на вопросы по тексту

▲ Почему возникла дискуссия о вредности мобильников?
▲ Мобильник опасен или нет?

④ Ваше мнение

• Что вы думаете о мобильных телефонах?
• Как мобильный телефон вошел в вашу жизнь?
• Так ли, по вашему мнению, безвреден мобильный телефон?
• Что бы вы сделали, узнав, что мобильники однозначно вредны, и их нужно запретить?
• Кому выгодны разговоры о вредности мобильников?
• Каких правил пользования мобильными телефонами в общественных местах должны придерживаться люди?
• Как, по-вашему, будут эволюционировать мобильные телефоны?

⑤ Разные мнения

Олег Григорьев, директор Центра электромагнитной безопасности. Всемирная организация здравоохранения провозгласила предупредительную политику в условиях недостаточности научных знаний и рекомендовала беременным женщинам отказаться от мобильного телефона. Мобильный телефон опасен не для матери, а для развивающегося плода. Исследования доказали, что слабые уровни электромагнитного поля, сопоставимые с тем, что генерирует мобильник, отрицательно влияют на формирование центральной нервной системы эмбриона. У родившегося ребенка возможны нарушения функционирования мозга, неадекватные поведенческие реакции и сокращение продолжительности жизни.

(АиФ, Здоровье, выпуск 48 (381) от 29 ноября 2001 г.)

Юрий Пальцев, руководитель лаборатории электромагнитных излучений НИИ медицины труда РАМН. Вообще, до сих пор нет достоверных сведений, что электромагнитные поля вызывают онкологические заболевания. В наше время гораздо проще заболеть раком от загрязненного воздуха или продуктов, содержащих канцерогены.

(Труд-7, № 216, 20 ноября 2003 г.)

Анна. Если все же выяснится, что мобильники действительно вредны, то как же сложно будет от них отказаться. К хорошему привыкаешь быстро!

Лена. Жить тоже вредно, говорят, от этого умирают. Мобильник — штука жизненно нужная!

(Лита.ру, июль-август 2001 г.)

2. Интернет: игрушка или зависимость?

① **Прочитайте текст**

Своими наблюдениями делится профессор-нейропсихолог, доктор медицинских наук Евгений Шапошников.

Наша задача — выяснить, как отражается чрезмерное увлечение Интернетом на здоровье, на психике. С одной стороны, Интернет дает колоссальные возможности для развития кругозора человека, его информационной «подпитки». С другой — на нем можно и болезненно зациклиться. Что нередко и происходит. Некоторые с головой уходят в иллюзорно-виртуальный мир, увлеченно общаются с «кибердрузьями», с «киберневестами» и постепенно начинают терять грань, разделяющую реальную, повседневную жизнь с электронными <u>фантомами</u>. Не думаю, что Интернет может развить умение общаться. Скорее наоборот. Я знаю людей, которые признаются, что им печатать на компьютере легче, чем что-то написать на бумаге. Так же и при живом контакте <u>интернет-фанат</u> может забыть, какие слова и как надо говорить, <u>как себя держать</u>. Так можно постепенно превратиться в <u>биоробота</u>, одну из «живых клеток» элементов мировой сети! У чрезмерно озабоченных Интернетом людей, как правило, жизнь обедняется. Тех же, для кого Интернет стал предметом навязчивости, невротической одержимости, заполняющей пустоту окружающей жизни или ограниченность собственной личности, хочу предостеречь: если вовремя не остановитесь, вы рискуете превратиться в <u>интернет-маугли</u>, этаких виртуальных <u>киберсуществ</u>.

(АиФ, Здоровье, выпуск № 43, 2002 г.)

② **Что это значит?**

— подпитка
— зациклиться (на чем?)
— уйти с головой (куда? во что?)
— иллюзорно-виртуальный мир
— кибердрузья
— киберневесты
— фантом
— интернет-фанат
— держать себя
— биоробот
— интернет-маугли
— киберсущество

③ **Ответьте на вопросы по тексту**

▲ Что изучает профессор Шапошников?

▲ О каких результатах исследования рассказал ученый?

▲ От чего профессор Шапошников пытается предостеречь людей, увлеченных Интернетом?

④ **Ваше мнение**

- Правы ли те, кто утверждает, что Интернетом пользуются наиболее образованные и продвинутые люди?

- Интернет, на ваш взгляд, — это новая разновидность наркотика?

- Согласитесь ли вы с профессором Шапошниковым или опровергнете его мысль о том, что у людей, увлеченных Интернетом, жизнь обедняется?

- Почему люди реальное общение подменяют виртуальным?

- Каковы, на ваш взгляд, плюсы и минусы общения через Интернет?

- Какие существуют другие действенные способы заполнения пустоты окружающей жизни?

⑤ **Разные мнения**

Интернет — это всего лишь игрушка. Люди — очень разные, с разным уровнем интеллекта и образования общаются в одной плоскости. Но при этом они не умеют прощать друг другу разницу потенциалов. Они задевают друг друга. И очень часто люди проходят мимо друг друга в этом Интернете. У многих не хватает терпения довести начатую переписку до конца, задавшись целью узнать и с интересом, терпеливо познать другой стиль, другое мышление, другой ритм и т.д. Поиграли — и бросили. Игрушка, она и есть игрушка. Поиграть в это можно (если время и деньги девать некуда), но заниматься поиском равного — это труд. Большой психологический труд, который по силам очень немногим.

А как в городе развлекаться? Или водку пить, или колоться, или на свидания ходить. У меня куча свободного времени, особенно на работе, вот и знакомлюсь. Если вам ваши внутренние убеждения позволяют знакомиться на улице, в бане, да хоть в общественном туалете — пожалуйста. А я знаю, что на улице каждая вторая меня пошлет куда подальше: она, видите ли, не такая, в транспорте не знакомится. А люди, размещающие свои фотографии и анкеты на сайтах знакомств, изначально не нацелены посылать друг друга. Во всяком случае, сразу.

⑥ К вашему сведению

По мнению исследователей компании Yahoo, электронно-почтовый невроз появляется у людей, склонных флиртовать с помощью ICQ, чатов и почты.

3. Интернет: абсолютная свобода или цензура?

① Прочитайте текст

Весной изобретателю Интернета Тиму Бернерсу-Ли была присуждена первая в истории человечества премия «Технология тысячелетия». Работая в 80-е годы в Европейском центре ядерных исследований, Бернерс-Ли придумал и внедрил метод, названный гипертекстом. Этот метод и лег в основу принципов передачи информации по компьютерной сети. Осенью 1990 г. появился первый в мире <u>интернет-сервер</u> и <u>интернет-браузер</u> — так родилась «документированная вселенная», о которой мечтали многие ученые XX века. Но на прошлой неделе над «филиалом» <u>Всемирной паутины</u> под названием Рунет нависла угроза. Совет Федерации приступил к разработке закона, который должен регламентировать деятельность в <u>Сети</u>, осуществляя некую цензуру и контроль за <u>провайдерами</u> и владельцами <u>сайтов</u>. Таким образом, <u>крест</u> может быть <u>поставлен</u> на самой философии Интернета, его основной идее — общедоступности всего для всех и полной анонимности пользователей.

(АиФ, Москва, выпуск № 23 (569) от 9 июня 2004 г.)

② Что это значит?

— интернет-сервер
— интернет-браузер
— Всемирная паутина
— Сеть
— провайдер
— сайт
— поставить крест (на чем?)

③ Ответьте на вопросы по тексту

▲ Кому и чему мы обязаны появлением Интернета?

▲ Чем опасен закон о регламентации деятельности Интернета?

④ Ваше мнение

• Как вы думаете, почему возник вопрос о цензуре во Всемирной паутине?

• Что вы думаете о введении контроля в Сети?

• Кто должен осуществлять контроль над Интернетом?

• Какого рода, на ваш взгляд, должен быть контроль над Интернетом?

• Некоторые придерживаются мнения, что Интернет — это глобальная помойка. Что вы об этом думаете?

• Есть мнение, что Интернет должен быть только для внутреннего пользования. Выскажите ваше мнение по поводу превращения Интернета в обособленную сеть?

• Относится ли Интернет к средствам массовой информации?

• Как вы думаете, каково будущее Интернета?

⑤ Разные мнения

Людмила Нарусова, сенатор от Тувы, член Комиссии по информационной политике СФ РФ. Интернет превратился в помойную яму, куда можно слить все, что угодно, без малейшей экспертизы на достоверность. К газете, к телевидению, к телевизионной программе гражданин может предъявить иск, практически он лишен этой возможности в случае недостоверности информации или информации, порочащей его имя, предъявить аналогичный иск к Интернету. И ставится именно эта задача: приведения в соответствие с законодательством о средствах массовой информации.

Дмитрий Писаренко, журналист. Инициатива законодателей вызывает и понятные опасения: пользователи Всемирной паутины боятся, что нас отгородят еще одним «железным занавесом» от цивилизованного мира и Рунет превратится в обособленную сеть «для внутреннего пользования» наподобие той, что существует в Северной Корее. Выход можно найти или в модернизации Интернета, или в создании Интернета-2, параллельного и надежно защищенного. Ведь это большое заблуждение, что Всемирная паутина анонимна. Человек выходит в Сеть — и все его передвижения фиксируются у провайдера. Значит, эту информацию можно использовать для организации новой архитектуры Всемирной паутины, идентификации каждого пользователя (что-то наподобие водительских прав).

Андрей Кончаловский, режиссер. Самая большая помойка — это Интернет. Все знания можно получить в любой библиотеке. Там никто ничего тебе не впихивает, не кричит: «Это, это возьмите!» А когда входишь в Интернет, на тебя обрушивается вал того, что тебе заведомо не нужно. И это не может не действовать на твою психику. Замечательно сказал Пастернак: «Лучшее из того, что я слышал, — это тишина». Сегодня в информативном поле оглушительный вой.

Константин Вячеславович Шапиро, директор школы № 20 Невского района г. Санкт-Петербурга. Наконец пришла пора, когда закрыть какую-либо сферу человеческого знания от любопытных глаз стало практически невозможно. Добиться этого можно только ценой отказа от участия в гонке информационных технологий, что в свою очередь приведет общество к неминуемому краху. Следовательно, нормы морали и этики вновь подвергаются суровым испытаниям. Порносайты такая же действительность Интернета, как и форумы молодых ученых. По сути своей, в традиционном представлении, Интернет аморален. Интернет представляет собой совокупность личных взглядов всех его участников. Он не выражает взглядов на вопросы пола, семьи и брака какой-либо одной группы лиц или общественной конгрегации. Это происходит в силу того, что публикация информации в Интернете никак не регламентируется. И нам, хотим мы того или нет, придется отказаться от запретительного принципа формирования морали и этики подрастающего поколения. Придется лезть в Интернет и объяснять юным гражданам почему именно хорош институт брака и чем отличается эротика от порнографии.

Дмитрий Бабич — журналист-расследователь «Комсомольской правды», ведущий программы «Скандалы недели», хозяин собственного сайта Freelance Bureau of Investigation (FLB), специализирующегося на скандальных расследованиях из жизни первых лиц нашего государства. Чем будет Интернет, зависит от власти. Если мы будем жить в демократическом государстве, Интернет будет нормальным средством массовой информации. Если же государство будет тоталитарным, Интернет станет новой формой самиздата. И опять компьютеры с доступом к Интернету начнут запирать на семь замков, как когда-то принтеры и ксероксы. В последние годы после появления «компроматных» сайтов Интернет стал восприниматься как большая помойка для «слива» информации. Мы хотим поменять отношение к Интернету. Мы хотим показать, что там работают профессиональные журналисты, которые отвечают за свои слова. В принципе, если на сайте будут систематически распространяться клевета, расизм или порнография, у государства должна быть возможность после нескольких предупреждений его закрыть. Тут дело не в технике, а в подходе самого государства. Если оно захочет соблюдать закон — это один разговор, а если просто закрасить все зеленое в серый цвет — это дело совсем другое.

Евгений Касперский, разработчик антивирусных программ. Сейчас анонимность Интернета граничит с хаосом. Отсутствие идентификации, формализованных правил поведения, наблюдательных органов напоминает ситуацию на дорогах, где нет правил, знаков, водительских прав, номеров. Иногда диву даешься, как Интернет в таком хаосе продолжает существовать. Причем даже если 99% пользователей будут вести себя корректно, 1% хулиганов сможет нарушить все функционирование Сети. Да, ее анархическая философия вызывает у пользователей соблазн заняться именно «нехорошим» бизнесом. Прибыль от него колоссальная. Проблема борьбы с этим злом состоит, во-первых, в том, что не во всех странах действуют законы против киберпреступности. Во-вторых, современная архитектура Сети практически не дает шансов отыскать преступника.

(АиФ, № 43, 24 октября 2002 г.)

О НОВЫХ ПОДХОДАХ К СТАРЫМ ПРОБЛЕМАМ

1. Смертная казнь: разрешить или запретить?

① **Прочитайте текст**

Став членом <u>Совета Европы</u>, наше государство приняло законы этой организации. Единственное, в чем сохранилась неопределенность, — это в отношении к смертной казни. Общество разделилось на два непримиримых лагеря. Кто-то считает, что преступник, посягнувший на чужую жизнь, должен своей жизнью расплачиваться за это, а кто-то убежден, что расстреливать убийц недостойно современного общества. На чьей же стороне правда?

За	*Против*
Народный принцип возмездия <u>«око за око»</u>.	Страх казни не остановит преступника.
Чистка общества от <u>уголовщины</u>.	Возможность судебной ошибки.
Экономия средств налогоплательщиков за счет сокращения тюрем.	Обществу противно становиться палачом и уподобляться убийце.
Устранение <u>«кузницы кадров»</u> для будущих преступников.	Жизнь дарована Богом, и никто не вправе ее отнять.
Моральный долг перед семьями жертв.	Не исключено исцеление, раскаяние преступника.

② **Что это значит?**

— смертная казнь
— Совет Европы
— «око за око»
— уголовщина
— «кузница кадров»
— мораторий на смертную казнь

③ **Ответьте на вопросы по тексту**

▲ Что думает российское общество о смертной казни?

▲ Почему люди выступают за применение смертной казни?

▲ По каким причинам люди требуют отмены смертной казни?

▲ Применяется ли сейчас смертная казнь в России?

④ **Ваше мнение**

• Ваше отношение к смертной казни?

• Является ли смертная казнь нарушением прав человека?

• Есть ли альтернатива смертной казни?

⑤ **Разные мнения**

Виктор Зайцев, старший советник юстиции, Следственный комитет МВД РФ. Моя позиция — этим негодяям только смертную казнь! Знаете, мы зальемся кровью, если смертную казнь отменят! Хотел бы я посмотреть на тех гуманистов, которые против казни, как бы они себя вели, если бы увидели своего ребенка или внука растерзанным. Все мы готовы быть справедливыми за счет чужой жизни и совсем другие поем песни, когда дело касается нас или наших родственников.

Анатолий Приставкин, писатель, председатель Комиссии по вопросам помилования при Президенте РФ. Разумом мы все понимаем, что, отвечая убийством на убийство, мы ничего не изменим. Вот уже около полутора лет в России приговоры о расстреле не приводятся в исполнение, а роста преступлений из-за этого не отмечается. Хотя почти 70% россиян высказываются за смертную казнь. Мы недавно проводили исследование и выяснили, что 48% москвичей и санктпетербуржцев высказываются не просто за смертную казнь, а за публичную смертную казнь — на площади. Очень важно разобраться и понять, что толкает человека на такое ужасное преступление, как убийство. Я получаю множество писем от людей, которым смертная казнь была заменена пожизненным заключением. Пишут совсем другие люди, которые коренным образом пересмотрели свое отношение к жизни, стали лучше и чище.

Андрей Сахаров, академик. Общество самоуничтожается, если оно казнит.

Александр Солженицын, писатель, выступает за смертную казнь для террористов и считает, что отмену смертной казни России навязывает Европа, «люди, не знавшие серьезных испытаний. Таких испытаний, какие Россия прошла, Европа просто не проходила».

Александр Лаврин, автор книги, посвященной смертной казни. Сегодня смертная казнь юридически отменена во всех странах Европы, кроме Украины, России и Турции, где она фактически тоже не применяется. Законодательство Великобритании, Италии, Швейцарии, а также Аргентины, Бразилии, Мексики и некоторых других стран допускает смертную казнь в военное время. Абсолютно исключена смертная казнь в законодательстве Австралии, Австрии, ФРГ, Дании, Норвегии, Швеции и еще в 27 странах. Смертная казнь применяется в Китае, США, Японии, практически во всех арабских странах и ряде азиатских (Бангладеш, Индия, Индонезия и др.) и африканских (Ангола, Зимбабве, Нигерия и др.) государствах.

(АиФ, № 44 (1097) от 31 октября 2001 г.)

Василий Андреевич, тюремный стрелок. Более 50 раз мне доводилось нажимать на спусковой курок «макарова» в Ростовской, Владимирской, Луганской тюрьмах. Признаюсь, каждая казнь оставляла тяжелый осадок. Смерть проходила через меня. Перед каждым расстрелом, согласно инструкции, я дотошно изучал уголовное дело. Стрелять или не стрелять? Этот вопрос должен был решить сам для себя каждый исполнитель приговора. Однако порой читаешь приговор — и мороз бежит по коже. Факты пострашнее фильмов ужасов. Хочется поскорее отправить нелюдя в ад. Там его место.

(АиФ от 30 января 2002 г.)

⑥ К вашему сведению

1. Сейчас в России введен мораторий на смертную казнь. Однако против моратория высказалось более 60% населения, а «за»— только 10%.

2. Смертная казнь (Capital punishment) — Лишение жизни человека государством в соответствии с законом после вынесения смертного приговора компетентным судом. Современные способы включают казнь через повешение, казнь на электрическом стуле, в газовой камере, расстрел, гильотинирование и смертельные инъекции. В странах, где смертная казнь не отменена, смертный приговор может быть вынесен за наиболее серьезные преступления в соответствии с законом, действующим на момент совершения преступления и не противоречащим положениям *Международного пакта о гражданских и политических правах* (1966 года) и *Конвенции о предупреждении преступления геноцида и наказании за него* (1948 года). Наказание может быть приведено в исполнение после окончательного решения компетентного суда. Смертная казнь сама по себе не является нарушением прав человека, признанных международным правом, в том случае, если обвиняемому предоставлены содержательные и процессуальные гарантии рассмотрения дела в суде и осуществления своей защиты.

Например, основная задача «Международной Амнистии» в соответствии со своим статусом действовать «всеми доступными средствами против установления и применения» смертной казни на том основании, что она нарушает право на жизнь и что это одно из самых жестоких, бесчеловечных и унижающих достоинство видов наказания. Во всех правовых системах основным требованием должно быть очевидное доказательство вины без каких-либо разумных сомнений. На деле ряд факторов, в отдельности или в сочетании, могут привести к ошибочному решению суда. К ним относятся: неадекватное или некомпетентное оказание юридической помощи; ошибка в идентификации личности; пристрастие судьи или присяжных заседателей; роль полиции, психиатрических и следственных органов; нарушение процессуальных гарантий. В 1989 году Генеральная Ассамблея Объединенных Наций приняла незначительным большинством *Второй Факультативный Протокол* к *Международному пакту о гражданских и политических правах* с целью отмены смертной казни. Этот Протокол развивает статью 6 *Международного пакта* и является первым всеобщим, в отличие от регионального, документом, направленным на отмену смертной казни. Принятие Протокола усиливает стремление к отмене смертной казни. Региональные организации также добиваются ограничения применения или отмены смертной казни.

(Словарь по правам человека)

2. Наркотики: легализовать или запретить?

① **Прочитайте текст**

С известным телеведущим Владимиром Познером беседует журналист «Новой газеты» Александр Никонов.

— Джордж Сорос давно и упорно выступает за легализацию наркотиков, он тратит на эту идею миллионы долларов, поддерживает общественные движения, выступающие за легализацию наркотиков. Вы, насколько я знаю, тоже придерживаетесь подобных взглядов?

— Наркотики — самый выгодный вид бизнеса на планете. Рентабельность наркоторговли составляет тысячи процентов! А значит, никакие наказания, никакая смертная казнь не решат проблемы: всегда найдутся люди, готовые рискнуть за такие сумасшедшие деньги. Если же мы сделаем так, что любой наркотик можно будет купить в аптеке «за три копейки», то тем самым выбьем из-под ног наркомафии экономический фундамент. Чтобы нельзя было на этом заработать! А не будет наркомафии, некому будет людей подсаживать на иглу. Как сейчас это происходит? «Друг, возьми бесплатно — покури, кольнись». А когда человек подсел, включается счетчик: теперь плати, это немалых денег стоит, сколько можно колоться на халяву... Легализовав наркотики, мы избежим подобной ситуации, соответственно и наркоманов будет меньше. Простая экономика: если рост числа потребителей никому не выгоден, соответственно число это и не растет. Параллельно нужно вести массовую антинаркотическую пропаганду — в средствах массовой информации, в школах.

— *Вы предлагаете легализовать все наркотики или только марихуану, как в Голландии?*

— От марихуаны, как справедливо отмечают многие специалисты, никакой беды вообще нет. И ее, конечно, нужно легализовать. Но я иду дальше, чем голландское правительство, я считаю, что легализовать нужно все наркотики. Конечно, этому будет бешено сопротивляться наркомафия. У них много денег, и они пойдут на все, чтобы не лишиться своих прибылей, то есть будут самыми активными противниками легализации наркотиков — будут подкупать политиков, общественных деятелей, публицистов. Все их деньги делаются на запрете...

Поймите меня правильно. Я абсолютный противник наркотиков. Я считаю, что с наркотиками нужно бороться самым жесточайшим образом. И я не вижу другого пути победить эту заразу, кроме легализации.

— *С какого возраста вы предлагаете свободно продавать марихуану и тяжелые наркотики?*

— Так же как сейчас продаются легальные наркотики — алкоголь и никотин — с 18 лет. Кстати, о легальных на сегодняшний день наркотиках... Сигареты, на мой взгляд, гораздо более опасные убийцы, чем марихуана. От них ежегодно в мире гибнут сотни тысяч людей. И то, как слабо пропагандируется в нашем обществе борьба с курением, меня угнетает.

(Новая газета, 29 марта 2004 г.)

② Что это значит?

— наркоторговля
— сумасшедшие деньги
— купить «за три копейки»
— наркомафия
— подсадить на иглу
— подсесть на иглу
— включить счетчик
— на халяву
— наркоман
— антинаркотическая пропаганда

③ Ответьте на вопросы по тексту

▲ Кто и каким образом наживается на продаже наркотиков?

▲ Почему Владимир Познер предлагает легализовать наркотики?

▲ Как вы оцениваете высказывания Владимира Познера о легальных наркотиках?

④ Ваше мнение

• Как, по-вашему, какой вред от наркотиков?

• Кого можно считать наркоманом?

• В чем вы видите положительную сторону легализации наркотиков?

• Кто и как должен контролировать легализацию наркотиков?

• Каким образом должна осуществляться антинаркотичская пропаганда?

- Надо ли учить молодежь употреблять наркотики?

- Наркомания, по-вашему, — это форма самоубийства?

- Есть мнение, что наркотизация молодежи является одним из основных способов «выбраковки лишних». Что вы об этом думаете?

- Должно ли быть наказание и какое за распространение наркотиков?

- Как, на ваш взгляд, уменьшить количество наркоманов?

- Что вы думаете об употреблении людьми легких наркотиков?

- Запретить наркотики или разрешить? Аргументируйте свою точку зрения.

⑤ Разные мнения

Я застал те времена, когда фронтовики-морфинисты были еще живы (после 1945 года из госпиталей выходили солдаты, «подсевшие» на морфий, прикреплялись к аптекам и получали его по 25 копеек). Мы, пацаны, носились от них, как от чумных, так как мирными они никак не хотели быть. Морфий (или что там еще?) им продавали как раз в аптеке, что была в доме, в котором мы жили. Далее фронтовики заваливались в наш двор. Омерзительное зрелище это было! Я не хочу этого.

Легализация, во-первых, уменьшит количество криминала на почве наркомании. Во-вторых, покажет обществу реальное количество людей, которые зависят от наркотиков. Кроме того, уменьшится приток молодежи в эту среду, потому что не будет экономического смысла подсаживать кого-то на иглу.

Я против легализации. Наркотики — это вред, об этом вам скажет ваш собственный организм, потом семья, близкие и родные, которые будут страдать, а потом и вся ваша деятельность будет резко идти на спад. Говорю это по своему опыту. Мне хватило четырех лет, чтобы в этом убедиться. А многие мои друзья «убедились», когда оказались за решеткой или в сырой земле.

(**Новая газета, 29 марта 2004 г.**)

Это не марсианские хроники, а «ноу-хау» современных образовательных программ: научить детей пользоваться наркотиками правильно. Абсурд? Нет, новая «логика»: если уж попадет ребенок в плохую компанию, то сможет и правильно уколоться (с соблюдением всех гигиенических норм), и дозу подобрать самостоятельно. Да и вообще это в русле основной задачи современного образования — дать детям максимум информации. Там уж пусть сами решают: принимать наркотики или нет. А окружающие должны уважать их выбор.

(**АиФ, Семейный совет, выпуск № 2 (171) от 25 января 2002 г.**)

3. Оружие: иметь или не иметь?

① **Прочитайте текст**

Когда-то гражданин Российской империи мог купить себе прекрасный револьвер или пистолет. Сейчас в России людям не разрешают хранить дома оружие короче 80 сантиметров и носить любой огнестрел. Плохая защита — охотничий нож, но и его носить нельзя: посадят.

Газовое оружие разрешили. И ничего не случилось. Точно так же ничего не случится и после разрешения пулевых пистолетов с револьверами. Ведь самооборона — только внешняя мотивировка. На самом деле оружие покупают не столько для самообороны или обороны дома, сколько из любви к оружию.

Вы хотите поправить экономическое положение нашей страны? Вы хотите помочь нашей оборонке? Вы хотите чувствовать себя в доме защищенным? Кстати, в ожидании легализации гражданских пистолетов и револьверов наша оборонка разработала массу образцов. Вот только сил у ослабевшей оборонки нет пролоббировать нужный закон об оружии. МВД очень сопротивляется. Потому что МВД лишняя работа по учету и пробному отстрелу каждого <u>ствола</u> с хранением пули и гильзы в пулегильзотеке ни к чему.

Массовое легальное владение гражданами пистолетами и револьверами, так же как массовое владение автомобилями, «включает» механизм самовоспроизводства спроса сразу в нескольких отраслях — и в химической (производящей порох для патронов), и в легкой (производящей оружейные аксессуары), и в сфере услуг, где сразу появится потребность в хорошо оборудованных тирах.

Известно, что легальным, то есть зарегистрированным, оружием совершается менее одного процента всех преступлений, связанных с оружием.

Этот вопрос — о легализации короткоствольного оружия — нужно решать демократически, а не запретами. Если ты противник оружия — не покупай его. Но и не запрещай тому, кто хочет владеть им.

(Огонёк, № 21 (4648), июнь 2000 г.)

② Что это значит?

— огнестрел
— самооборона
— оборонка
— МВД
— ствол

③ Ответьте на вопросы по тексту

▲ Какого мнения придерживается автор: запретить или разрешить населению владеть оружием?

▲ Разрешают ли в России иметь оружие? Какое?

▲ Можно ли при себе иметь нож?

▲ Какие отрасли промышленности заинтересованы в производстве / продаже оружия населению?

▲ Почему МВД против легализации огнестрела?

④ **Ваше мнение**

- Для чего людям оружие?

- Должно ли обращение с пистолетами и револьверами быть свободным?

- Каков должен быть закон об оружии?

- В чем вы видите опасность хранения оружия населением?

- Нужно ли уметь владеть оружием?

- Есть ли позитивный момент в производстве и распространении оружия?

⑤ **Разные мнения**

Александр Каренин, капитан милиции, заместитель начальника отдела по уголовному розыску. Я категорически против свободного обращения пистолетов и револьверов! Более демократичной страны, чем Голландия, нет. Там можно все: и проституция, и наркотики. Но оружие — НЕЛЬЗЯ! Впрочем, мы не безоружны. У нас разрешено законом гладкоствольное оружие. Например, карабин «Сайга». Вполне достаточно. По российскому закону оружие не должно быть короче восьмидесяти сантиметров. Это основной момент, против которого яростно борются любители огнестрельного оружия. Спросите у них: для чего им оружие? Чтобы нападать? Короткоствольное оружие — это либо оружие нападающего, либо специалиста. А для обороны оно может быть любых размеров. Для обороны даже чем больше — тем лучше. Потом, не каждый, приобретший ствол, — ангел. У нас такое количество озлобленных людей, что просто за косой взгляд могут дать бутылкой по голове. И им, что, еще раздать пистолеты? Есть еще замечательная категория людей, которая охотно возьмется за пистолеты. Дети. Самое интересное, что дети даже к уголовной ответственности не привлекаются, убил училку — и ладно. А случайные самострелы! Забыл патрон из патронника вынуть — выстрел. Очень частое явление. К тому же наличие оружия буквально провоцирует человека на самоубийство. Во всяком случае, имея ствол, легче совершить суицид. Милиционеры чаще всего стараются сдать табельное оружие и по городу с ним не ходить.

Юрий Лужков, мэр Москвы. Москва просто напичкана оружием. Не проходит и дня, чтобы в столице не прогремели выстрелы, кого-нибудь не пырнули ножом, не взорвалась граната или тротиловая шашка. Время от времени то тут, то там оперативники находят целые арсеналы с десятками стволов, ящиками патронов и взрывчатки. Черный рынок оружия цветет в Москве махровым цветом. Если левое оружие нельзя отобрать, рассудили в столичной мэрии, его надо... купить. ГУВД столицы будет платить всякому, кто придет в милицию с оружием в руках, чтобы добровольно его сдать.

(Независимая газета, 1999−2003 гг.)

О ПРОБЛЕМАХ СОВРЕМЕННОГО МИРА

1. Терроризм

① Прочитайте текст

Теракты в России стали подтверждением того, что феномен международного терроризма нельзя трактовать исходя только из наличия иностранцев в составе бандгруппы. Террористы, действующие в России, какой бы национальности они ни были, являются выпускниками международной школы террора, обучающей своих «студентов» по единым лекалам и на одном языке. Ими управляют по Интернету и учат тому, как умерсть, унеся с собой как можно больше жизней. Никаких требований, никаких переговоров, только смерть — хорошо узнаваемый почерк шахида, терроризирующего мир, начиная с 11 сентября 2001 года. Именно с этой поры прочно укрепилась «Аль-Каида». Именно с этого времени сменили свою тактику палестинские «сепаратисты». Их новым, «арабским» стилем тоже стали «живые бомбы». Террористы, действовавшие в России, оставили немало улик, свидетельствующих о том, что и их действиями руководила именно «Аль-Каида».

Международный терроризм глобализировался. И одной лишь неслаженно действующей международной антитеррористической коалиции уже недостаточно. Отпор терроризму может дать только единый антитеррористический фронт со всеми присущими фронту подразделениями — от электронной разведки до спецназа, спецагентов и интендантов.

Россия и Германия выразили единство в том, что с терроризмом нужно «сообща бороться везде и повсюду». Например, сотрудничать в борьбе с кибертерроризмом и в предотвращении незаконного использования электронных средств связи и свободы кибепространства теми, кто угрожает общественной безопасности; координировать усилия для предотвращения приобретения или разработки террористами ядерного, химического, радиологического или биологического оружия, средств его доставки, а также связанных с ним материалов, оборудования и технологий. И, пожалуй, главное: принимать меры для изучения и сокращения факторов, способствующих вербовке террористов, в особенности террористов-смертников. Но в основном борьбу намечено разворачивать пока в рамках международных организаций — ООН, «восьмерки», Совета Россия — НАТО, ОБСЕ, Совета Европы и ФАТФ.

(Итоги, сентябрь 2004 г.)

② Что это значит?

- теракт
- терроризм
- бандгруппа
- террорист
- террор
- школа террора
- шахид
- «Аль-Каида»
- сепаратисты
- глобализироваться
- антитеррористическая коалиция
- спецназ
- спецагент
- интендант
- кибертерроризм
- киберпространство
- вербовка
- террорист-смертник
- ООН
- «восьмерка»
- НАТО
- ОБСЕ
- ФАТФ

③ **Ответьте на вопросы по тексту**

▲ В чем заключается мировая проблема терроризма?

▲ Как управляют террористами?

▲ Как можно бороться с терроризмом?

④ **Ваше мнение**

• Что такое терроризм?

• Какими возможностями обладают террористы?

• Как вы думаете, кто финансирует террористов?

• Какие эффективные способы борьбы с террористами, на ваш взгляд, существуют?

• Как вы представляете себе работу антитеррористического фронта?

• Есть мнение, что лучшее средство в борьбе с террористами — ведение с ними переговоров. Что вы об этом думаете?

• Почему нужно запретить использование электронных средств террористами?

• Должны ли террористы иметь право на суд или их необходимо поставить вне закона?

• Что делать в случае затянувшихся конфликтов?

• Как, по-вашему, можно предотвратить теракт?

• Как может человек защитить себя от террористов?

• Считаете ли вы, что защита людей — это исключительно дело государства?

• Каким должен быть ответ на террористический акт?

• Как остановить терроризм?

⑤ Разные мнения

Владимир Путин, Президент РФ. Рост терроризма связан с разрывом благосостояний в промышленно развитых странах, население которых составляет 1 млрд человек и странах, которые находятся на пути к процветанию. После крушения соцлагеря произошли определенные изменения в Европе, в результате чего были созданы условия для роста терроризма. Причинами роста терроризма являются отсутствие единства в подходах, оценках и методах борьбы с терроризмом, а также отсутствие должной правовой базы. Недопустимы двойные стандарты в решении проблем терроризма. И любые проблемы должны решаться дипломатическими средствами, а не террором.

(Росбалт, 4 апреля 2004 г., Главная лента 10:33)

Алексей Александров, председатель подкомитета по вопросам госбезопасности ГД, вице-президент Российского союза юристов, заслуженный юрист РФ, доктор юридических наук. Сейчас совершенно очевидно, что надо усилить совместную работу России, США, европейских стран по предупреждению акций международного терроризма. Надо эту работу поднять на более высокий уровень.

Шадов. Террористические акты возмездия будут постоянно продолжаться. Мирное и проверенное решение для терроризма особенно важно. Нет никакой иной эффективной защиты против терроризма.

Геннадий Райков, лидер группы «Народный депутат». К террористам должна применяться одна мера наказания — смертная казнь. Безнаказанность рождает новые трагедии.

Николай Сергеевич Леонов. Вообще с террористами никто в мире не цацкается. Абсолютно. Преступник должен сидеть в тюрьме, террорист должен нести свою ответственность. Надо запретить ваххабизм как террористическую ветвь ислама. Очень много таких вопросов, по которым надо ужесточать борьбу.

И смертная казнь в да́нном случае применима. Штаты не стесняются, Китай не стесняется, одни наши стесняются.

(Русский дом, № 8, 2001 г.)

Марк Юдалевич, писатель. Как любой здравомыслящий человек к терроризму отношусь резко отрицательно. Я думаю, что США нужно объединиться с Россией и с европейскими странами и немедленно разгромить все центры мирового терроризма, тем более что разведки наших стран прекрасно знают, где они находятся. В одиночку с этой проблемой не справиться.

Владимир Петренко, заместитель председателя Комитета администрации Алтайского края по делам несовершеннолетних. Терроризм страшен своим слепым фанатизмом, для этих людей жизнь — ничто, хоть своя, хоть чужая. Бороться нужно не с терроризмом, а с той идеологией, которая его порождает и оправдывает, устранять причины, а не следствия. Но бомбами бороться с идеями бесполезно.

Вячеслав Корнев, кандидат философских наук, преподаватель Алтайского государственного университета. С терроризмом нужно бороться строя дома, больницы, школы, дороги, освобождая страны третьего мира от долларовой зависимости, а не забрасывая их бомбами, иначе война с терроризмом будет длиться бесконечно.

Юрий Валяев, первый заместитель начальника ГУВД Алтайского края. Только усилий милиции вкупе с другими правоохранительными структурами недостаточно для предотвращения даже единичных случаев терактов. Для этого необходимы понимание, единение и бдительность всего населения страны. Уже сейчас реально существует угроза миру в целом. Правильно спланированная террористическая акция может запросто спровоцировать международные конфликты и войны.

(Алтайская правда от 15 сентября 2001 г.)

⑥ К вашему сведению

Госдума приняла поправки в УК, предусматривающие увеличение наказания за терроризм вплоть до пожизненного заключения.

2. Секта

Вплоть до XX столетия в России существовало немало самобытных <u>сект</u> — тут и скопцы, и хлысты, и духоборы, и бегуны, и совсем уж экзотические дыромолы, которые, встав на четвереньки перед вырытой норой, молили ее о спасении. Приезжавшие к нам ученые немцы и французы поражались. У них все эти реликты магического сознания были сметены промышленной революцией, а в крестьянской России сохранились. Отношение в самой России к ним было очень разное. В народе <u>сектантов</u> уважали за истовость — и за нее же боялись. Церковь гоняла их как еретиков. Просвещенные государственные мужи призывали бороться в их лице с вековой отсталостью. А революционеры почитали за носителей свободолюбивого духа. Но, совершив революцию, пересажали, страшась все той же истовости. После войны на них сосредоточилась советская антирелигиозная пропаганда. Народные секты вымерли или ушли в глухое подполье. Между тем отечественная <u>сектобоязнь</u> сильно отличается от заграничной своими возможными последствиями. Антисектантский закон принимался во Франции с большой осторожностью. В конце концов из заключительной редакции выпала ключевая формулировка о «манипуляции сознанием». Законодатели согласились, что под нее можно подверстать все, что угодно, — от духовного наставничества у католиков до навязчивой рекламы. И заменили на более конкретную «эксплуатацию психологической зависимости». Наши законодатели на подобные мелочи внимания не обращают. Последствия предсказуемы: если дать нашей сектобоязни принять форму закона, конфессиональное поле России сузится до размеров 1905 года накануне подписания Николаем II указа о <u>веротерпимости</u>. Указ предоставил всем конфессиям право юридического лица, которого они не имели, и, стало быть, все, за исключением православия, вели <u>полуподпольное существование</u>.

(Еженедельный журнал от 8 марта 2004 г.)

② Что это значит?

— секта
— сектант
— сектобоязнь
— веротерпимость
— полуподпольное существование

③ Ответьте на вопросы по тексту

▲ Какие секты были в России?

▲ Что удивляло иностранцев в России?

▲ Какое отношение к сектам было в России?

④ Ваше мнение

• Что такое секта?

• В чем же, по-вашему, глубинные причины сектобоязни?

• Как вы думаете, почему к новым религиям относятся с неприязнью?

• Способен ли современный человек делать свой независимый индивидуальный выбор и нести за него ответственность или им можно управлять извне, прибегая к изощренным технологиям манипуляции сознанием?

• Есть мнение, что основной причиной распространения тоталитарных и оккультных сект является отсутствие образованности россиян после многих лет богоборчества. Что вы об этом думаете?

• Почему именно Россия оказалась так восприимчива к идеям сектантства?

• Как вы считаете, в провинции и столицах набор сект как-то варьируется?

- Выскажите ваше мнение: кто из сектантов сегодня наиболее активен и популярен?

- Кто и как должен бороться с сектами?

⑤ Разные мнения

Георг Вартанян. Манипулирование сознанием не только таит в себе угрозу новых терактов с использованием «живых» бомб, но и возможность победы на выборах, возможность эксплуатации труда многих людей, не нарушая законов, и многого другого. А поскольку имеющие возможности манипулирования обычно обладают и немалыми властными полномочиями, то, скорее всего, мало найдется охотников борьбы с подобными явлениями. Необходимо бороться с ними не только в религиозных организациях, где не нужны аргументированные доказательства чего-либо, а необходима только вера, но и везде, где возможно внушение и агитация. Для чего нужны законы, эксперты и исполнители, но в нашей стране это обернется новыми репрессиями.

(http://ej.ru/forum/)

Александр Дворкин. Почему высшие чины духовенства с помощью правительства не пресекают деятельность подобных группировок? Это вопрос к правительству. Церковь у нас отделена от государства, и «пресекать» мы ничего не можем. Чтобы что-то начало изменяться в этой ситуации — нужна политическая воля. Европейские правительства делают все возможное, чтобы оградить своих граждан от этих организаций. У нас этого нет, мы поддаемся давлению Соединенных Штатов, а они заинтересованы в распространении сект. Но не нужно думать, что это исключительно к России относится, это давление оказывается и на Францию, и на Германию. Просто те могут держать удар, а мы — нет.

(Опубликовано на сайте Портал-Credo.Ru, 26 мая 2003 г., 10:32)

Т.Г. Богомолова. Если почти невозможно помочь попавшим в секту, то надо хотя бы организовать пропагандистскую кампанию против сект. Правда, хоть немного о деятельности сект известно, но необходимо также предупреждать, что психологическое насилие и контроль сознания могут иметь место не только в традиционно называемых сектами общинах, но и в других организациях, где один или несколько мошенников стремятся нажиться подобным путем или просто удовлетворить свое тщеславие и жажду власти над людьми. Такой организацией может оказаться и Православная община, и спортивная секция, и коммерческое предприятие. Чаще всего это бывает религиозная организация, так как требует веры без рассуждений.

Анна. Бороться с сектами нужно не только на государственном уровне. Очень важно воспитание детей. Нужно воспитывать в них самостоятельность мышления, а не требовать подчинения и послушания. А осознанность молодого поколения — наилучшая прививка против ВСЯКИХ гипнозов.

(http://www.newizv.ru/forum/)

Павел Бройде, глава Всеукраинского центра «Диалог». Наступает духовный Чернобыль. От слов надо незамедлительно переходить к действиям. Бороться с сектами надо не только на научно-богословском уровне, но и введением системы общественного контроля, ужесточением правил въезда иностранных лжемиссионеров, прибывающих к нам с большими деньгами для укрепления тоталитарных сект.

(Известия, 9 декабря 2002 г.)

Андрей Кураев, религиозный философ, дьякон, профессор богословия. При Ельцине, чья команда прислушивалась к заокеанским советчикам, было ясно, что права сект в России гарантированы, это заставляло нас шевелиться, предпринимать антисектантские действия. Но с приходом команды Путина, которая декларирует верность национальным традициям, для некоторых наших епископов, если не для большинства, это стало своего рода отмашкой: все, можно успокоиться и расслабиться, теперь все хорошо, государство будет бороться с сектами. Мне даже говорили об этом книготорговцы: упало количество книг, которые закупались в Москве и вывозились в различные епархии. Это печально. Потому что получается, что наша вера не побуждает нас ни к каким действиям, кроме поста.

right(http://www.e-vid.ru/article)

Нинель Русских, председатель «Межрегионального комитета спасения от тоталитарных сект». Законодательное запрещение деятельности тоталитарных сект — единственный эффективный способ борьбы с ними. В настоящее время в Петербурге существуют пять таких организаций. Это Церковь саентологии, Церковь свидетелей Иеговы, Церковь Виссариона, «Церковь Христа» из Бостона и Церковь Объединения Муна. Все они используют новейшие методики обработки сознания, которые представляют большую опасность для психического здоровья людей. Большие финансовые средства позволяют этим сектам вести широкую пропагандистскую кампанию, вовлекая в свои ряды новых членов, а также выигрывать судебные дела, которые возбуждаются по поводу их деятельности. Администрация Петербурга позволяет себе непростительную беспечность в деле защиты населения от неприкрытой религиозной агрессии.

(Невское время, № 30 (2153), 17 февраля 2000 г.)

3. Глобализация

① **Прочитайте текст**

Таинственный субкомандante Маркос вместе с французским фермером Жозе Бове является духовным лидером антиглобалистов. Из джунглей в Мексике через Интернет он управляет тысячами своих сторонников в разных концах земного шара. Через спутник обозревателю «АиФ» удалось взять у Маркоса интервью.

— Движение противников глобализации кажется стихийным, но на самом деле оно четко организовано. Скажите, кто финансирует перелеты десятков тысяч людей, оплачивает их размещение в гостиницах, экипировку?

— Товарищи, верящие в идеалы революции и отлично понимающие, что случится с их бизнесом, когда мир проглотят транснациональные корпорации. Кстати, вы можете проследить по истории, что у любой революции никогда не было проблем с финансированием. Средства исправно собирают профсоюзы фермеров из Европы, которые страдают от глобализации, деньги идут от мелких компьютерных компаний, разоряемых монополией Билла Гейтса, нам жертвуют и владельцы множества мелких закусочных, потому что их сжирают растущие заведения «Макдоналдс». Регулярно устраивают уличные сборы пожертвований группы студентов. Естественно, есть и два-три очень крупных спонсора, разделяющих наши убеждения, но их имена я назвать не могу.

— *Многие замечают, что антиглобалисты во время беспорядков жгут и ломают далеко не все магазины, которые попадаются им на пути, а действуют выборочно.*

— Если человек своим трудом создал богатство, не эксплуатируя других, никто не должен отнимать его деньги. Именно поэтому демонстранты переворачивают роскошный «Мерседес» и обходят стороной скромный «Фиат», громят модный бутик и проходят мимо недорогой пиццерии, где работает целая семья. Я не коммунист и не ставлю своей задачей строить социализм, я просто хочу, чтобы все люди на земле были равными.

— *А зачем вообще вам нужны костры из автомашин и бутылки, летящие в полицию на улицах европейских городов?*

— Позвольте вам встречный вопрос: неужели вы считаете, что до моего появления в мире было все спокойно? В 1991 году нам сказали: радуйтесь, благородный капитализм сокрушил проклятый социализм. Теперь не существует никаких «железных занавесов» между странами, люди будут ездить, куда захотят, наступит всеобщая демократия, любовь и счастье. И что же мы видим теперь? Богатые страны отгородились от бедных визами и колючей проволокой, чуть ли не каждый день вспыхивают новые войны — еще более кровопролитные и жестокие. Глобализация стирает человека как личность, делая его циничным, а глобальная пропаганда оболванивает людей даже лучше, чем в СССР.

— *То есть вы считаете, что если антиглобалисты будут избивать полицейских и раскурочивать магазины, то сразу наступит царство всеобщей справедливости?*

— Было бы лучше, если бы люди были стадом послушных овец? Когда молодежи не дают свободы выбора, она выходит на улицы выражать свой гнев, потому что не хочет жить в таком мире.

— *Почему антиглобалисты в любой стране нападают на рестораны под маркой «Макдоналдс»? Чем провинилась эта закусочная?*

— Для нас это символ угнетения. «Макдоналдс» расползся по всему миру как символ американского образа жизни, который опутывает Землю отравленными нитями компьютерных сетей. Этот самый образ разлагает величайшие культуры Африки, Европы, Латинской Америки: уничтожаются целые народы, превращаясь в пресную копию американского стандарта, обезличиваются нации. Глобализм ведет с нами войну не на жизнь, а на смерть и использует в ней любые средства — поэтому стоит ли уж так горевать о разрушении «Макдоналдса»?

(АиФ, выпуск № 22 (1127) от 29 мая 2002 г.)

② **Что это значит?**

— антиглобалисты
— глобализация
— Макдоналдс
— «Мерседес»
— «Фиат»
— бутик
— железный занавес
— оболванивать (кого?)
— раскурочивать (что?)

③ **Ответьте на вопросы по тексту**

▲ На чем базируется движение антиглобалистов?

▲ Кто спонсирует антиглобалистов?

④ **Ваше мнение**

• Глобализация — это объективная тенденция развития современного мира?

- Как вы думаете, против чего выступают антиглобалисты?

- Что вы думаете о высказываниях лидера движения антиглобалистов?

- Каким образом, по-вашему, глобализм ведет войну с антиглобалистами?

- Способствует ли, на ваш взгляд, глобализация становлению и развитию гражданского общества? На какой культурной и ценностной основе оно может развиваться?

- Каким странам, по вашему мнению, может быть невыгодна глобализация?

- Некоторые считают, что глобализация покончит с существованием такого понятия, как «страны третьего мира». Что вы об этом думаете?

⑤ Разные мнения

Ирина Пахолова. По моему мнению, глобализация — футуристический проект современности, поддерживаемый и осуществляемый политической и бизнес-элитой развитых стран не только Запада, но и Востока. Проект, который скорее всего напоминает идеологическую легитимацию того положения дел, которое сложилось в последние десятилетия в мировой экономике и политике. Глобализацию сейчас можно рассматривать как один из наиболее возможных вариантов или векторов развития сферы международных отношений. В связи с этим в будущем могут претерпеть существенные изменения понятия о внешней и внутренней политике национальных государств. Но в любом случае, как мне кажется, в большей степени всю совокупность явлений, принятых сегодня объединять концептом «глобализация», пока можно относить только к сфере развития международных отношений.

Роман Шмелев. Глобализация — это перекраивание хозяйственных экономических отношений в интересах мирового капитала, усилившееся вследствие выхода средств коммуникации на новый уровень. Интересы мирового капитала редко совпадают с интересами капитала национального, а по большей части идут с ними в разрез. Таким образом, глобализация может быть невыгодна отдельным странам. Не все, в том числе и на Западе, отдают в этом отчет. Россия, из-за ее особых климатических условий, проигрывает другим странам по критерию эффективности производства, поэтому в условиях глобальной экономики ее позиция будет невыгодной. России вряд ли стоит в этом участвовать.

(Независимая газета, 24 июля 2001 г.)

Сергей. Мне очень не хочется, чтобы мои внуки и правнуки вместе горбатились на одну корпорацию, по сути, не имея возможности открыть свободное неподконтрольное собственное дело и при полностью отсутствующем социальном пакете. С отсутствием даже намеков на гражданское общество, или с новым извращенным пониманием такового.

(По материалам Интернета)

Дмитрий Вульфович. Глобализация — это один большой рынок, где все будут получать свои дивиденды от безграничного роста мировой экономики. Соответственно, все будут богатеть и даже, может быть, перестанут участвовать во всяких там межнациональных конфликтах, которые, как известно, удел народов бедных и нецивилизованных. В контексте темы глобализации — тема о культуре и религии неуместна и вторична.

(По материалам Интернета)

4. Клонирование

① **Прочитайте текст**

Компания «Клонэйд» — якобы фабрика генетических копий людей — появилась в 1997-м и зарегистрирована на Багамах. Девиз фирмы: <u>«Клонирование</u> — первый шаг к вечной жизни».

Компания всего за 50 тысяч долларов предлагает услуги по заморозке и консервированию клеток тех, кого потом в порядке общей очереди можно будет возродить к жизни.

Основатель компании «Клонэйд» — бородатый мужчина, уроженец Франции, спортивный журналист и автогонщик. В миру — Клод Форильон, но более известен в узких кругах как <u>мессия</u> Раэль.

В 1973 г. ему явился «<u>пришелец</u> с зеленой кожей», предложил пройти в <u>летающую тарелку</u> и совершить полет к далекой планете. Из этого путешествия Раэль вывез бесценный опыт <u>продвинутых</u> зеленых <u>представителей</u> инопланетного разума ростом 120 см и послание человечеству на Земле.

<u>Сколотил</u> вокруг себя в середине 70-х <u>группу</u> других контактеров с <u>НЛО</u>, и так возникла религиозная секта, проповедующая раэлизм, по сведениям самих сектантов, насчитывающая около 60 тысяч таких же «двинутых» по всему свету со штаб-квартирой в Канаде. Суть послания, которое отныне несет Раэль в люди, такова: мы появились на Земле благодаря все тем же <u>зеленым,</u> которые вывели человека в своих лабораториях из <u>ДНК</u> и посеяли это добро на Земле. Все <u>пророки</u> — Моисей, Будда, Иисус — были рождены земными женщинами от пришельцев с использованием технологии клонирования. А сам Раэль — ни больше ни меньше, как двоюродный брат Иисуса нашего Христа, ибо в 1945 г. был зачат от Яхве, самого старшего пророка, причем прямо в летающей тарелке.

(АиФ, № 4 (1057) от 24 января 2001 г.)

② Что это значит?

— клонирование
— мессия
— пришелец
— летающая тарелка
— продвинутый представитель
— сколотить группу
— НЛО
— зеленые

— ДНК
— пророк

③ Ответьте на вопросы по тексту

▲ Что такое клонирование?

▲ Что вы знаете о компании «Клонэйд»?

▲ Что такое реализм и реалисты? Что они проповедуют?

④ Ваше мнение

• Что вы думаете о клонировании людей?

• Где может применяться клонирование?

• Что вы думаете о клонировании животных?

• Согласны ли вы с тем, что за клонированием — будущее?

• Считаете ли вы, что клонирование — величайшее достижение науки?

• Какой вред, по вашему мнению, клонирование может нанести человечеству?

• Хотели бы вы клонировать себя?

⑤ Разные мнения

Наталья Гвоздикова, актриса. Клонирование — это ужасно. В каждом человеке должна быть индивидуальность. И потом, если человека можно будет создать из клетки, взятой, например, из кусочка ногтя, то становится бессмысленным союз мужчины и женщины. Я категорически отвергаю мысль о том, что за клонированием — будущее.

Юлия Бордовских, телеведущая. Если заниматься клонированием только органов, это было бы здорово. Но если клонирование людей станет распространенным явлением, могут начаться страшные войны. Что будет, если клон вдруг возьмет и заявит, что он, а не ты есть настоящий человек, оригинал. Что

274

касается клонирования животных, я не считаю, что это плохо. Во-первых, это даст хорошее мясо, шерсть. Во-вторых, так можно будет оживлять наших домашних любимцев — их век так недолог, к сожалению.

Ефим Шифрин, юморист. Я считаю, что было бы правильнее, если бы ученые направили свои усилия на то, чтобы продлить и улучшить жизнь ныне живущих людей, а не клонировать их после смерти. Если можно будет ушедшего в мир иной вернуть, то это страшно. Смерть нужна человечеству. В том числе и родственникам умершего — горе так же благотворно, как счастье.

Анита Цой, певица. Клонирование — величайшее достижение, ставшее итогом развития науки всех предыдущих двадцати веков. Но... Отец-основатель ядерной физики гениальный Альберт Эйнштейн первым встал на борьбу со своим детищем — с тем, как алчные люди начали его использовать. Процесс клонирования должен быть взят под строжайший контроль на международном уровне и использоваться только в гуманных целях. Я бы очень хотела, чтобы меня клонировали. Я сама себе и певица, и режиссер, и продюсер, да еще и жена и мама. А так — одна бы занималась творчеством, другая — его продюсированием, третья — создавала бы уют в доме...

Вячеслав Тихонов, актер. Невозможно будет полностью воссоздать человеческий мозг. То есть это буду новый я. А я новый себе не нужен.

Маша Распутина, певица. Клонирование может сделать человеческого двойника в биологическом смысле, но никогда не воссоздаст душу. Клонирование — одно из сатанинских дел. Все это идет с Запада. Запад всегда ненавидел нас за нашу веру, за нашу духовность, они всегда хотели убить в нас это. Америка будет распространять клонов сознательно, чтобы уничтожить Россию. Если русские люди станут жить, как кролики — жрать, спать и сношаться, то так Америке будет управлять нами намного проще. Мы должны бороться против исследований в области клонирования, если хотим сохранить Россию.

Кир Булычев, писатель-фантаст. К клонированию я отношусь совершенно спокойно. А проблемы этики... По поводу каждого серьезного открытия всегда было модно говорить «Ах!» и начинать рассматривать его с этической точки зрения. Науку все равно не остановить, и она будет идти вперед. И чего-то особенного в будущем от клонирования ждать бессмысленно. Если научатся качественно клонировать коров — замечательно. А солдат лучше «клонировать» традиционным способом — с участием мужчины и женщины.

(АиФ, № 7 (1060) от 14 февраля 2001 г.)

Владимир Ярыгин, профессор, академик РАМН, ректор Российского государственного медицинского университета. Задача терапевтического клонирования (в отличие от клонирования с целью воспроизводства) — клонировать не человека в целом, а только те клетки, котрые необходимы ему в данный момент для излечения, для жизни. И еще одна важная вещь. При обычной пересадке органов не исключено отторжение, наш организм запрограммирован от «чужого», возникает иммунологический конфликт. А терапевтическое клонирование позволяет его избежать — ведь внедряемые клетки можно взять у самого пациента.

(АиФ, № 20 (1229) от 20 мая 2004 г.)

⑥ К вашему сведению

1. Заведующий лабораторией Института общей генетики РАН Борис Конюхов объясняет, что собой представляет процесс клонирования: вначале нужно взять клетку взрослого человека. Например, из кожи. Выделить из нее ядро и перенести его в женскую яйцеклетку, из которой ее собственное ядро было удалено заранее. Клетку с новым ядром помещают в сосуд со специальной питательной средой. Ее подталкивают к дроблению, и она начинает делиться, через несколько дней превращаясь в зародыш, который имплантируется в матку. А через девять месяцев на

свет появляется младенец. Он будет выглядеть полной копией того человека, от которого брали первую взрослую клетку, получится этакий брат-близнец (или в случае, если клетка была взята от женщины, сестра-близнец), но гораздо моложе.

(АиФ, № 7 (1060) от 14 февраля 2001 г.)

2. Анонимный опрос в Интернете показал, что 7 из каждых 10 респондентов хотели бы в ближайшем будущем лицезреть 100%-ные копии себе подобных. Но правительства различных государств пока боятся взять на себя ответственность за проведение экспериментов по клонированию человека.

(АиФ, № 4 (1057) от 24 января 2001 г.)

3. Лаборатория терапевтического клонирования создана на базе Уральской медицинской академии. Специалисты собираются выращивать в лаборатории клетки, ткани и внутренние органы человека. Свои будущие научные достижения уральские врачи планируют внедрять в практическую медицину. Выращивание новых органов человека поможет при терапии многих заболеваний, зачастую неизлечимых.

(АиФ, Здоровье, № 6 (443) от 6 февраля 2003 г.)

5. Эвтаназия

① **Прочитайте текст**

Жена моя преподает в школе, есть у нее коллега — учительница Ирина Сергеевна. У Ирины Сергеевны был сын... Сережа часто болел. Видимо, в роду Ирины Сергеевны что-то с иммунной системой было не в порядке, поскольку чуть ли не половина ее родственников скончались от <u>рака</u>. Ирина Сергеевна молилась, чтобы сына эта участь миновала... Но у Сережи обнаружили рак крови — в 11 лет. Мальчишка, как я уже написал выше, был умненький, много читал, много знал. Он знал семейную историю и довольно быстро понял свой диагноз. Он переносил регулярные и болезненные процедуры полного переливания крови, хотя потом их делать перестали: бесполезно. И когда боли становились невыносимыми, потому что уже перестали действовать самые сильные наркотики, он ясными глазами смотрел на мать и кричал:

— Мама, помоги мне умереть!

Предсмертный ад продолжался около месяца. Через месяц поседевшая мать хоронила поседевшего от страданий мальчика.

После этого случая для меня стало ясно: доктор Кеворкян, которого в Америке прозвали Доктор Смерть, прав. Кеворкян помогает уйти из жизни тем <u>безнадежным больным</u>, которые просят об этом. Это и называется эвтаназия — возможность легкой смерти. Споры о ней идут несколько лет. Против эвтаназии выступают врачи и священники. За — многие юристы и писатели.

(Огонёк, № 29 от 20 июля 1998 г.)

② Что это значит?

— эвтаназия
— рак
— безнадежные больные

③ Ответьте на вопросы по тексту

▲ Почему 11-летний мальчик хотел умереть?

▲ Что такое эвтаназия?

④ Ваше мнение

• Как бы вы поступили на месте Ирины Сергеевны?

• Что вы думаете о просьбах безнадежно больных уйти из жизни раньше?

• Почему, на ваш взгляд, об эвтаназии спорят?

• Как вы считаете, желание Бога: эвтаназия или поддержка жизни всеми возможными способами?

• Что вы думаете о легализации эвтаназии?

⑤ **Разные мнения**

Диакон Андрей Кураев. Нельзя решить проблему эвтаназии, только замыкаясь на том, что испытывает или не испытывает этот человек. Что касается просьбы человека об уходе из жизни, я думаю, что опять же позиция церкви отрицательная, но позволю себе предположить такую ситуацию: вот, скажем, западные христиане-богословы все категорически против. Они считают, что это просьба, которая должна быть оставлена без удовлетворения. В России ситуация несколько иная. В силу общей бедности нашей медицины может быть такая просьба уважена. К тому же самоубийству в церкви есть более сложное отношение. В святцах описана история, когда некие девицы-христианки предпочли покончить с собой, нежели быть оскверненными варварами. Теперь они почитаются как святые. Принципы любви иногда бывают выше заповедей.

Виктор Валентинович Шенгаль, директор онкологической клиники. Я отношусь к возможности эвтаназии резко отрицательно. Вот недавно судили патологоанатома, который помогал одному бандиту «убирать» одиноких стариков из квартир — давал заключения, что убитые старики умерли от сердечного приступа. Почему вы думаете, что такая преступная группа не может создаться и здесь? Конечно, в социологических опросах многие люди отстаивают необходимость эвтаназии. Но только потому, что речь при опросе идет не о них самих или их родственниках, а о каком-то абстрактном Иване Иванове. Они рассуждают абстрактно!

Борис Григорьевич Юдин, главный редактор журнала «Человек», доктор философских наук, профессор. Сторонники эвтаназии в основном среди юристов. Началось это еще со знаменитого российского юриста Кони. Он выступал, чтобы был принят такой закон. По сути, в законе были те же нормы, которые воспроизводятся сейчас в голландском законодательстве: многократное подтверждение желания умереть, независимая от лечащего врача медэкспертиза, свидетельство прокурора об отсутствии давления и так далее. В 22-м году в УК молодого

СССР была введена статья, разрешающая эвтаназию. Правда, она исчезла уже во второй половине 20-х гг.

(Огонёк, № 29, июль 1998 г.)

6. Нетрадиционная сексуальная ориентация

① Прочитайте текст

Привет, «Молодой»[11]!

Ты — мой лучший друг, и, как мне кажется, единственный, кто может мне мало-мальски помочь. Суть моей проблемы в том, что я — гей. Я — гей, и ненавижу себя за это. Я даже думал о суициде, но до этого пока не дошло.

Подскажи, что мне делать? Я пробовал самовнушение, просмотр порнофильмов, где в основном доминируют женские тела, но все это не помогло. Знаю, что по этому поводу нужно обращаться ко всяким там психологам-сексологам, но на это нет ни материальных средств, ни желания.

Умоляю, помоги! Как мне стать (если это вообще возможно) натуралом?

Сергей, 16 лет

(АиФ, Я молодой, выпуск № 5—6 (391—392) от 18 февраля 2002 г.)

② Что это значит?

— гей
— суицид
— порнофильм
— натурал

③ Ответьте на вопросы по тексту

▲ С какой просьбой обратился Сергей в редакцию газеты «Я молодой»?

---

[11] Я молодой — газета, издаваемая для молодёжи.

▲ Как Сергей собирался решить свою проблему?

▲ Почему он не обратился за помощью к психологам-сексологам?

④ Ваше мнение

• Гомосексуальность — это болезнь? Надо ли ее лечить и как?

• Могут ли гомоэротические желания принести вред самому человеку?

• Связан ли гомосексуализм с психическими заболеваниями человека?

• Как помочь Сергею, автору письма в газету?

⑤ Разные мнения

1. Мнения юношей:

«Это уроды, отбросы общества, таких быть не должно» (16 лет).

«Таких надо расстреливать» (17 лет).

«Это чистой воды извращение. Но если им нравится, то пусть нравится дальше. Меня это не касается» (16 лет).

«К девушкам-лесбиянкам и геям отношусь как к обычным людям, они романтики! Лучшие люди» (17 лет).

«Я считаю, что это дебилизм» (16 лет).

«Я знаю одного гея — он классный парень и ничем не отличается от других!» (17 лет).

«Про пол женский говорю: это нормально, классно, а мужской: по фигу, сам бы не стал таким. Ориентация не имеет никакого значения!» (16 лет).

2. Мнения девушек:

«У нас свободная страна, и это не запрещено. Мы должны уважать выбор человека, это его право» (15 лет).

«Они больные, и это, по моему мнению, неизлечимо» (14 лет).

«Я думаю, это нормально. Человек вправе выбирать, с кем и как ему быть» (15 лет).

«Ничего хорошего. Это вид извращения; это неправильные люди, у них неправильная психика, так что ли. Я таких людей не уважаю, они мне противны» (14 лет).

«Я считаю, что все люди имеют право на любовь. И я не буду тыкать пальцем на любящих друг друга юношей» (17 лет).

Одним из общественных стереотипов, укрепившихся в современном обществе, и особенно в России, является убеждение в том, что сексуальное и чувственное притяжение, а также любовь могут и должны происходить только между лицами различного пола. Это один из так называемых «социокультурных стандартов сексуального поведения». Но всегда были, есть и будут люди, которых вопреки этим «стандартам» влечет к лицам своего пола. Для них такое влечение так же естественно и органично, как для «обычных» людей — влечение к противоположному полу. Это может быть влечение мужчины к мужчине, а также влечение женщины к женщине. Также есть и «промежуточные стадии», когда человека влечет одновременно и к мужчинам, и к женщинам. Первое получило название — «гомосексуализм», а его представителей называют «гомосексуалистами», «геями» или «голубыми». Вторых называют «лесбиянками», а само явление «лесбийской любовью». Представителей «промежуточного варианта», называют «бисексуалами». Ну и, наконец, людей, которых влечет к лицам противоположного пола, называют «гетеросексуалами». Однако среди геев за ними закрепилось название «натуралы». Еще хочется заметить, что гомосексуалисты не имеют ничего общего с транссексуалами — людьми, желающими изменить свой пол, а также с *трансвеститами* — любителями переодеваться в одежду противоположного пола.

(Проблемы гомофобии в России)

⑥ К вашему сведению

В 1991 г. Всемирная организация здравоохранения, проведя специальные научные исследования, исключила гомосексуальность из списка заболеваний. Теперь это считается одним из вариантов нормы, а многие страны (Голландия, Дания, Германия, Франция и т.д.) регистрируют однополые браки.

Приказ Министерства здравоохранения Российской Федерации от 6 августа 1999 года № 311 Об утверждении клинического руководства «Модели диагностики и лечения психических и поведенческих расстройств»:
Расстройства сексуального предпочтения
Критериями сексуальной нормы являются: парность, гетеросексуальность, половозрелость партнеров, добровольность связи, стремление к обоюдному согласию, отсутствие физического и морального ущерба здоровью партнеров и других лиц. Расстройство сексуального предпочтения означает всякое отклонение от нормы в сексуальном поведении, независимо от его проявлений и характера, степени выраженности и этиологических факторов. Это понятие включает как расстройства в смысле отклонения от социальных норм, так и от норм медицинских.

7. Однополые браки

① Прочитайте текст

Журналист-правозащитник газеты «Вечерний Нефтекамск» Эдвард Мурзин предлагает внести в главный закон о семье в Башкирии всего лишь одну поправку: заменить в первой части статьи № 11 формулировку брака как «добровольный союз между мужчиной и женщиной» на «добровольный союз граждан».

— *Почему вы решили бороться за права «голубых»?*

— В обществе представители секс-меньшинств составляют 5–10%. Нужно понять, что есть другие люди, не такие, как мы. И мы должны принимать их такими, какие они есть, и перестать ущемлять их права. У меня есть друзья, им по 30 лет, они геи. Мужчины давно живут вместе. Недавно на общие деньги купили квартиру. А как им быть, если один из них умрет? Кому квартира достанется? Получается, что у нас нет законов о правах этих людей. К тому же во многих странах Европы однополые браки разрешены, например, в Германии и Бельгии.

(Комсомольская правда от 16 апреля 2004 г.)

② Что это значит?

— «голубые»
— секс-меньшинства
— гей
— однополые браки

③ Ответьте на вопросы по тексту

▲ С каким предложением выступил Эдвард Мурзин?

▲ Где-нибудь разрешены однополые браки?

④ Ваше мнение

• Кто, по вашему, выступает за защиту сексуальных меньшинств?

• Почему, на ваш взгляд, не регистрируют однополые браки?

• Нужно ли разрешать однополые браки? Аргументируйте свою точку зрения.

• Что вы думаете об однополых браках?

⑤ **Разные мнения**

Евгений. В Уфе по неофициальным данным не менее 8 тысяч человек нетрадиционной ориентации. Те, у кого есть деньги, ездят регистрироваться за границу — в Сан-Франциско, Нидерланды... Юридической силы такие браки не имеют, но создается хоть какая-то иллюзия семьи. Большая проблема — имущественные отношения. Как квартиру делить в случае развода?! Как бы то ни было, мы все равно чувствуем себя изгоями. А ведь в повседневной жизни мы обычные люди и хотим пользоваться всеми правами гражданина своей страны.

Максим. Думаю, в законе действительно надо заменить формулировку брака как «добровольный союз между мужчиной и женщиной» на «добровольный союз между гражданами». И проблем никаких не будет.

Надя. Нельзя голубым только права давать, надо еще и обязанности дать, чтобы нормальных людей не втягивали. А то рождаемость и так низкая.

Алик. Вот никто еще не догадался чем кормить детей, а нас заставляют быть гетеросексуалистами, чтобы рожать как можно больше и больше детей для страны. Когда-то я жил в Уфе, мне было нечем себя прокормить, не говоря уже о моих голодных подругах с голодными детьми не только в Уфе, но и в Башкирии. Я верю, что настанет день для «голубых» в Башкирии, и тогда я смогу расписаться с моим американским чернокожим милым на моей родине в Уфе. Спасибо Мурзину за его идею; я до сих пор молюсь на него.

Михаил. Давайте тогда узаконивать браки между мазохистами, фетишистами и какие там еще извращенцы бывают!

Оксана. Я вообще не понимаю — сколько шума из-за ничего! Даже если им и разрешат жениться, и что из того? Геи тоже люди, почему же они должны быть ущемлены в своих правах? И вообще я считаю, что все это ваши комплексы. Кому эти геи мешают? Кстати, гей — это не синоним педофила, и не нужно их всех одной меркой мерить. Они так же, как и не-геи, разные. Сама, я, кстати, не лесбиянка, просто с уважением отношусь ко всем людям независимо от их сексуальной ориентации. Чего и вам желаю!

(По материалам Интернета)

8. Дети в однополых семьях

① Прочитайте текст

Два британских миллионера, первая <u>гомосексуальная пара</u> Соединенного Королевства, которой было позволено иметь детей, ждут прибавления в семействе. Три года назад <u>суррогатная мать</u> родила Берри и Тони Дрюит-Барлоу двойняшек. Миллионеры носят сдвоенную фамилию, подчеркивая свой семейный статус. Мать была американкой, так как в то время английские законы не позволяли подобного отцовства. Эксперимент обошелся в $300 тысяч. Его результат настолько понравился парочке, что новой суррогатной матери имплантировали сразу четыре эмбриона.

Сообщается, если ребенка по каким-либо причинам не удастся родить, миллионеры намерены усыновить ребенка из приюта. Теперь британские законы разрешают это людям с <u>нетрадиционной сексуальной ориентацией</u>.

(По материалам utro.ru)

② Что это значит?

— гомосексуальная пара
— суррогатная мать
— нетрадиционная сексуальная ориентация

③ Ответьте на вопросы по тексту

▲ Чем привлекли к себе внимание Берри и Тони Дрюит-Барлоу?

▲ С какой просьбой Берри и Тони Дрюит-Барлоу намерены обратиться в приют?

④ Ваше мнение

• Как вы считаете, какие требования должны быть предъявлены к однополой паре, которая хочет усыновить ребенка?

• Что, на ваш взгляд, лучше для ребенка: быть усыновленным однополой парой или остаться в детском доме?

• Ваше мнение по поводу усыновления детей однополыми парами.

⑤ Разные мнения

Наташа. Я жила в Нидерландах. Очень многие гомосексуальные пары совершенно не похожи на «голубых», которых показывают по ТВ, а больше похожи на обычные семьи, только однополые. Я думаю, что Россия не Голландия. Я почти на 100% уверена, что жизнь ребенка в семье у однополых родителей в России будет очень трудной. В остальном, я думаю, что многие однополые пары в состоянии обеспечить ребенка всем, что нужно для нормального и здорового развития.

Ольга. Я бы давала усыновлять! По мне, лучше какая угодно семья, чем детский дом. Тут прежде всего интересы ребенка важны!

Олег. Утверждают, что прогрессивные психологи уже развенчали мифы о «вредном влиянии неправильного образа жизни» однополых родителей на детей. Может быть, я ретроград, но мне делается от их заявлений явно не по себе... Я понимаю, что детей хочется, но Россия не Голландия и сверстники не такие демократичные, дети часто просто престарелых родителей стесняются, а тут... Не говоря уже о странности ролей в такой «семье». Но, быть может, я одичал и отстал совсем?

Ирина. Я решила спросить мнение своего друга-гея об усыновлении детей однополыми семьями. Так вот, он, будучи геем, относится к такому усыновлению отрицательно. Аргументировал это тем, что:

— такие семьи в нашей стране менее стабильны, чем обычные;

— у людей, создающих такие семьи, слишком много психологических проблем разного рода;

— ребенку будет остро не хватать женского, материнского внимания и присутствия;

— ребенок не увидит нормальной модели семьи, отношений мужчины и женщины;

— ребенок будет вынужден принимать на себя, на свой счет негативное отношение общества к такому браку, что скорее всего будет для него непосильной ношей.

Вот, это мнение человека, которого трудно заподозрить в гомофобии. Он просил передать, что в этом вопросе нужно руководствоваться не интересами и правами геев, а интересами и правами детей. А они, как подсказывает ему (т.е. гею) здравый смысл, в результате такого усыновления (в нашей стране, в наше время) едва ли будут в выигрыше.

(По материалам Интернета)